Hotel Restaurant Service English

호텔외식실무영어

백지은 · 오흥진

지식인

Hotel Restaurant Service English

호텔외식실무영어

2017년 8월 10일 초　판 발행
2019년 8월 15일 수정판 발행

지은이 | 백지은 · 오흥진

펴낸이 | 김종욱 · 명사동
펴낸곳 | 지식인
등　록 | 제301-2013-134호
주　소 | 서울시 도봉구 도봉로 180길 20 투웨니퍼스트 102동 602호
전　화 | 02)2266-8606 (대)
팩　스 | 02)2266-8607
E-mail | jisikin2013@naver.com
홈페이지 | www.jisikinbook.co.kr

ISBN 979-11-88105-02-1 (93740)

값 16,000원

Hotel Restaurant Service English
호텔외식실무영어

Hotel
Restaurant
Service
English

PREFACE:

21세기의 관광산업은 급속한 성장을 거듭하여 국가전략 산업으로 발전해 왔습니다. 국민소득과 여가시간의 증대로 삶의 욕구가 더욱 높아짐과 더불어 관광산업은 큰 비중을 차지하고 있습니다. 이 중에서 호텔외식 분야의 전문 인력이 필요함과 동시에 국제 언어로서 영어의 중요성은 절대적으로 필요한 것이 현실입니다. 호텔외식 산업에서 전문 인력을 양성 배출하기위해서는 영어실력 향상은 어느 때보다도 절실한 실정입니다.

이번에 출간하게 된 'Hotel Restaurant Service English(호텔외식실무영어)'에서 가장 중점을 둔 것은 레스토랑에서 사용되는 실무영어를 중심으로 의사소통 능력의 함양을 목표로 하였습니다. 간단한 표현을 반복연습을 통하여 완벽하게 소화할 수 있도록 시도하였고, 레스토랑에서 사용되는 회화 내용에 따른 Key Words를 보충 설명하였습니다. 따라서 이 책을 통해서 의사소통의 향상 및 레스토랑 실무의 이해가 더불어 이루어지리라 생각됩니다.

이 책의 구성은 크게 레스토랑서비스 부문과 식음료서비스 부문으로 분류하였습니다. 제1부 Restaurant Service(레스토랑서비스 부문)에서는 제1장 Restaurant Reservation, 제2장 Restaurant Receptions, 제2부 Food & Beverage Service I(식음료서비스 부문 I)에서는 제3장 Restaurant Order Service I, 제4장 Restaurant Order Service II, 제5장 Restaurant Service I, 제6장 Restaurant Service II, 제7장 Restaurant Check Out Service를 다루었고, 제3부 Food & Beverage Service II(식음료서비스 부문 II)에서는 제8장 Complaints Handling Service, 제9장 Lost & Found Service와 제10장 Room Service, 제11장 Frequent Q & A 등의 현장 중심의 운영실무 영어를 다루었습니다. 더불어 제12장에서는 Activity I, 제13장 Activity II 및 제14장 Activity III에서는 상황별 회화내용의 쓰고 말하기를 활용하여, 내용의 반복연습을 통한 실무에 활용되는 상황별 표현을 완벽하게 익힐 수 있도록 학습자 중심에서 구성하였습니다. 마지막으로, 제15장 Interview English를 추가하였습니다.

제1장에서 제13장까지 여러 상황에 따른 사례들로 연습문제를 풀 수 있게 준비하였고, 레스토랑에 대한 흥미와 자신감을 가질 수 있도록 배려하였으며, 레스토랑 산업과 관련된 분야를 공부하는 학생뿐만 아니라 외국여행을 즐기며 레스토랑을 이용하는 고객들도 레스토랑 용어를 이해하고 사용할 수 있도록 문장들로 구성하였습니다. 따라서 이 책의 활용을 통하여 호텔외식경영 전공자 및 호텔레스토랑 산업 종사자뿐만 아니라 국내·외 레스토랑을 이용하는 분들께도 의사소통 능력(Communication Ability)을 향상시키는 교재로서 활용됨을 최종 목표로 합니다.

향후 수정되어야 할 부분과 오류 및 부족한 부분은 보완·발전시켜 나갈 것을 약속드립니다.

끝으로, 이 책의 출간을 위해 사진제공을 해 주신 AMANTI 호텔 총지배인 노영우 님께 감사드립니다. 또한 이 책의 출간을 흔쾌히 맡아주신 지식인에 깊은 감사를 드리며, 편집부 여러분의 노고에 감사드립니다.

저자 일동

PART I

레스토랑서비스 부문

Restaurant Service

Hotel Restaurant Service English

CHAPTER

01

Restaurant Reservation

- Conversation & Point
- Grammer & Quiz
- Practice Point

01 Conversation

Reservation 예약직원 **Guest** 고객

예약직원 안녕하십니까. 한국 레스토랑 이보나입니다. 무엇을 도와드릴까요?
고　　객 예약을 하려고 하는데요.

예약직원 이용하시는 날짜가 언제입니까, 고객님.
고　　객 3월 14일입니다.

예약직원 점심, 저녁 어느 때 이용하십니까?
고　　객 저녁 7시 30분입니다.

예약직원 몇 분 정도 이용하십니까?
고　　객 4명입니다.

예약직원 예, 네 분 예약 가능합니다. 어느 분 성함으로 예약해 드릴까요?
고　　객 샘 그린입니다.

예약직원 감사합니다. 그린 님. 연락 가능한 전화번호 좀 부탁드리겠습니다.
고　　객 예, 제 핸드폰번호는 010-3029-1234입니다.

예약직원 감사합니다. 그린 님. 예약 확인해 드리겠습니다. 3월 14일 저녁 7시 30분에 샘 그린 고객님 성함으로 네 분 예약하셨습니다.
고　　객 예, 맞습니다.

예약직원 감사합니다. 더 필요한 사항은 없습니까? 그린 님?
고　　객 없어요.

예약직원 그럼 이번 주 토요일에 뵙겠습니다. 전화해 주셔서 감사합니다.

Key Words & Point Expressions

For how many people, Mr. Green?
몇 분 정도 이용하십니까?

Could I have a name, please?
어느 분 성함으로 예약해 드릴까요?

Reservation

(예 약)

R Thank you for calling The Korean Restaurant. This is Lee Bona. How can I help you?

G I'd like to make a reservation, please.

R For what day?

G March 14th.

R Is this for lunch or dinner?

G Dinner at 7:30 p.m.

R For how many people?

G Four.

R We can reserve a table for four. Could I have a name, please?

G Sam Green.

R Thank you, Mr. Green. Could I have a phone number, please?

G Sure. My cell phone number is 010-3029-1234.

R Thank you, sir. Let me confirm your reservation. You have a reservation for 4 on Mar 14th, at 7:30 p.m. under the name of Mr. Sam Green.

G Right.

R I will do all that I can do help.
Is there anything else I can do for you, Mr. Green?

G No, that's all. Thank you.

R Then I'll see you this Saturday. Thank you.

02 Conversation

Reservation 예약직원 **Guest** 고객

예약직원 안녕하십니까. 한국레스토랑 이보나입니다. 무엇을 도와드릴까요?
고 객 예약하려고 합니다.

예약직원 이용하시는 날짜가 언제입니까?
고 객 3월 14일입니다.

예약직원 점심, 저녁 어느 때 이용하십니까?
고 객 저녁입니다.

예약직원 몇 분 정도 이용하십니까?
고 객 인원이 약 40명 정도 되는데, 룸이 있나요?

예약직원 죄송합니다만, 가장 큰 룸의 최대 가능한 고객수가 여덟 분입니다. 또한 홀도 8명 앉으실 수 있는 테이블이 가장 큰 테이블이기 때문에, 마흔 분이면 몇 개의 테이블들로 나누어서 앉으셔야 하는데 괜찮겠습니까?
고 객 그러면 40명이 따로 앉을 수 있게 독립된 공간을 마련해 줄 수는 있나요?

예약직원 저희 홀은 전부 오픈되어 있고 독립된 공간은 조금 어렵지만, 테이블을 최대한 가깝게 위치할 수 있도록 준비해 드리겠습니다.
고 객 예, 그러면 예약하겠습니다.

Reserving a Table for Group

(단체 예약)

R Thank you for calling Korean Restaurant. This is Lee Bona. How can I help you?

G I'd like to make a reservation, please.

R For what day, sir?

G March 14th.

R Is this for lunch or dinner, sir?

G Dinner.

R For how many people, sir?

G About 40. Can I reserve a room?

R I'm sorry. sir, but the largest room we have is for 8 people. We do have a hall, but the biggest table is for 8, so you'd need several separate tables. Would that be all right, sir?

G Then can you arrange a separate space for 40 people?

R That would be a little hard as it is an open hall. But I can arrange the table as close to one another as possible.

G OK, I'll make a reservation.

Key Words & Point Expressions

For what day, sir?
이용하시는 날짜가 언제입니까?

Is this for lunch or dinner, sir?
점심, 저녁 어느 때 이용하십니까?

03 Conversation

Reservation 예약직원 **Guest** 고객

예약직원 안녕하십니까, 한국 레스토랑 이보나입니다. 무엇을 도와드릴까요?

고 객 아침예약을 하려고 하는데요. 저희가 조식회의를 하려고 합니다. 룸이 있나요?

예약직원 몇 분 이용하십니까?

고 객 8명입니다.

예약직원 예, 여덟 분이시면 룸 이용이 가능합니다.

고 객 저희가 사장님께 보고할 것이 있어서 빔 프로젝트가 필요한데 준비가 되나요?

예약직원 죄송합니다만, 저희 식당 안에 있는 룸은 크기가 크지 않아서 스크린을 설치하거나 간단한 테이블미팅 이외의 회의를 진행하시기는 어렵습니다. 괜찮으시다면 연회행사장을 이용하시는 것이 어떠시겠습니까?

고 객 생각해 보겠습니다. 도와주셔서 감사합니다.

예약직원 아닙니다, 고객님.

Making a reservation for breakfast

(조식회의 예약)

R Good morning, this is Lee Bona, Korean Restaurant.
How can I help you?

G I'd like to make a reservation for a business meeting over breakfast.
Do you have a room available?

R How large would your party be?

G Eight.

R Yes, we have a room available for 8 people.

G We're going to make a presentation for our president.
Do you have a Beam projector?

R I'm sorry but our rooms are not big enough for a screen.
It is just the right size for a table meeting.
How about reserving a banquet room?

G I will think about it. Thank you for your help.

R Your welcome, sir.

Key Words & Point Expressions

How large would your party be?
몇 분 이용하십니까?

We have a room available for 8 people.
여덟 분이시면 룸 이용이 가능합니다.

04 Conversation

Reservation 예약직원 **Guest** 고객

예약직원 안녕하십니까. 한국 레스토랑 이보나입니다. 무엇을 도와드릴까요?

고 객 예, 예약변경을 하려고 하는데요.

예약직원 예약하셨던 날짜가 언제입니까?

고 객 3월 14일입니다.

예약직원 어느 분 성함으로 예약하셨습니까?

고 객 샘 그린입니다.

예약직원 예, 3월 14일 저녁 7시 30분에 고객님 성함으로 네 분 예약이 되어있습니다. 어떻게 변경하시겠습니까?

고 객 4명 예약을 3명으로 변경해 주세요.

예약직원 예, 가능합니다. 예약을 다시 한 번 확인해 드리겠습니다. 3월 14일 저녁 7시 30분 샘 그린 고객님 성함으로 세 분 예약되었습니다. 다른 변경사항은 없으십니까?

고 객 예, 없습니다.

예약직원 전화 주셔서 감사합니다. 3월 14일에 뵙겠습니다.

Changing the Reservation

(예약 변경)

R Thank you for calling Korean Restaurant. This is Lee Bona.
How can I help you?

G I'd like to change my reservation.

R When did you have your reservation for?

G March 14th.

R May I have Your name, sir?

G Sam Green.

R I have reservation for four on March 14 at 7:30 p.m.
How would you like to change it?

G I'd like a table for 3, not 4.

R Sure. You have a reservation for two on March 14 at 7:30 p.m., under Mr. Sam Green. Anything else, sir?

G No, thank you.

R Thank you for calling.
I'll see you on March 14th.

Key Words & Point Expressions

When did you have your reservation for?
예약하셨던 날짜가 언제입니까?

May I have your name, sir?
어느 분 성함으로 예약하셨습니까?

05 Conversation

Reservation 예약직원 **Guest** 고객

예약직원 안녕하십니까. 한국 레스토랑 이보나입니다. 무엇을 도와드릴까요?
고　　객 예, 예약을 취소하려고 하는데요.

예약직원 언제로 예약하셨습니까?
고　　객 3월 14일입니다.

예약직원 어느 분 성함으로 예약하셨습니까?
고　　객 샘 그린입니다.

예약직원 예, 3월 14일 저녁 7시 30분에 샘 그린 님 성함으로 네 분 예약된 것을 취소해 드리겠습니다.
고　　객 미안합니다.

예약직원 아닙니다. 전화 주셔서 감사합니다. 다음 기회에 이용해 주시기 바랍니다.

Cancelling the Reservation

(예약 취소)

R Thank you for calling Korean Restaurant. This is Lee Bona.
How can I help you?

G I'd like to cancel my reservation, please.

R When did you have your reservation for?

G March 14th.

R Under what name, sir?

G Sam Green.

R OK, so I'll cancel the reservation for four on Mar 14 at 7:30 p.m.

G I'm sorry.

R No problem. Thank you for calling.
I hope to serve you in the future.

Key Words & Point Expressions

No problem.
아닙니다.

Thank you for calling.
전화 주셔서 감사합니다.

I hope to serve you in the future.
다음 기회에 이용해 주시기 바랍니다.

Grammer

1형식으로 말하기

<직장> 주제와 관련하여 '당신이 다니는 직장에 대해 이야기해 주세요.'라는 문제에 답할 때, '저는 글로벌대학교에 다닙니다.' 라고 답할 수 있어요. 이를 영어로 표현하면 다음과 같아요.

I go to Global University.

'주어가 (~에/~와) -하다'를 표현할 때는 위의 예문처럼 [주어+동사+전치사구/부사구]의 1형식 문장으로 말해요. 1형식 문장에서 자주 사용하는 동사에는 go(가다), live(살다), work(일하다), walk(걷다), happen(일어나다) 등이 있어요.

I (주어) **go** (동사) **to Global University** (전치사구). **[1형식 문장]**

문장 말해보기

1. 저는 강아지와 삽니다.

I live with my puppy.

My sentence ______________________________

____

2. 저희 어머니는 호텔에서 일하십니다.

My mother works for the hotel.

My sentence ______________________________

____

Quiz

괄호 안의 표현을 사용하여 다음의 우리말 문장을 영어로 말해 보세요.

1. 제 친구는 영어강사로 일합니다. **(as an english instructor)**

2. 저는 빌라에서 삽니다. **(in a villa)**

3. 사람들이 호수를 따라 걷습니다. **(along the lake)**

4. 그 일은 1년 전에 일어났습니다. **(one year ago)**

Practice Point

1. *R* : For how (   ) people, sir?

   몇 분 정도 이용하십니까?

   G : Four.

   4명입니다.

2. *R* : Thank you for calling Korean Restaurant. This is Lee Bona. How can I help you?

   안녕하십니까. 한국 레스토랑 이보나입니다. 무엇을 도와드릴까요?

   G : I'd like to (   ) my reservation, please.

   예, 예약을 취소하려고 하는데요.

CHAPTER

02

Restaurant Receptions

- Conversation & Point
- Grammer & Quiz
- Practice Point

01 Conversation

Receptionist 직원 **Guest** 고객

직　원 안녕하십니까? 어느 분 성함으로 예약하셨습니까?
고　객 샘 그린입니다.

직　원 예, 네 분 자리 준비되어 있습니다. 자리 안내해 드리겠습니다.
고　객 혹시 창가 자리에 앉을 수 있을까요?

직　원 창가 쪽 자리는 전부 예약이 되어있습니다.
고　객 저도 예약했는데 창가로 변경해 줄 수는 없나요?

직　원 죄송합니다만, 보통 창가 자리 예약의 경우 창가로 미리 지정하신 예약들이어서 지금은 변경해 드리기 어렵습니다만, 혹시 취소나 변경하시는 분이 계시면 창가 자리로 옮겨드리겠습니다.
고　객 알겠습니다.

직　원 코트를 저희 옷장에 보관해 드릴까요?
고　객 예, 감사합니다.

직　원 맡기신 옷의 번호표입니다. 찾으실 때 제시해 주시면 코트를 준비해 드리겠습니다.
고　객 감사합니다.

직　원 감사합니다. 즐거운 시간되시기 바랍니다.

Restaurant Receptions

(레스토랑 입구 안내서비스)

R Good evening, sir. Under what name do you have a reservation?

G Yes, under Sam Green.

R A table for four. This way, please.

G Could I get a table by the window?

R I'm sorry. sir, but all the tables by the window have already been reserved.

G But I made a reservation, too.
Could you get me a table by the window?

R I'm sorry. sir, but those reservations were made by the people who specifically asked for tables by the window. So, it would be difficult to get you a table there. But if any reservation is changed or cancelled, I'll move you to a table by the window, sir.

G OK.

R Could I take your coat?

G Yes, thank you.

R Here's a number tag for your coat.
Just give it back to me and I'll get your coat when you leave.

G Thank you.

R Thank you, sir. Enjoy your meal.

Key Words & Point Expressions

Good evening, sir. Under what name do you have a reservation?
안녕하십니까? 어느 분 성함으로 예약하셨습니까?

02 Conversation

Receptionist 직원 **Guest** 고객

직 원 안녕하십니까. 몇 분이십니까?

고 객 2명입니다.

직 원 예, 가능한 자리를 확인해 드리겠습니다. 잠시만 기다려 주시겠습니까?

고 객 물론이지요.

직 원 기다려 주셔서 감사합니다. 지금 현재 창가 쪽 자리들은 전부 예약되어 있습니다. 혹시 6시까지 계신다면 창가 쪽 자리가 가능하지만, 그렇지 않으면 시간에 관계없이 사용하실 수 있는 입구 쪽 자리로 안내해 드리겠습니다.

Greeting & Seating the guest

(워크인 고객)

R Good afternoon, sir. How large is your party?

G Two.

R Let me check if there is a table available.
Would you mind waiting for a second?

G Sure.

R Thank you for waiting.
All the tables by the window are reserved for 6 o'clock.
I could give you a table until 6, if that would be OK with you.
Or I could give you a table by the entrance with no time limit, sir.

Key Words & Point Expressions

Let me check if there is a table available. Would you mind waiting for a second?
예, 가능한 자리를 확인해 드리겠습니다. 잠시만 기다려 주시겠습니까?

03 Conversation

Receptionist 직원 **Guest** 고객

직 원 죄송합니다만, 지금 저희 홀이 만석이어서 라운지에서 잠시만 기다려주시겠습니까? 성함을 남겨주시면 자리가 준비되는 대로 바로 안내하겠습니다.

고 객 샘 그린입니다.

직 원 몇 분이십니까?

고 객 2명입니다.

직 원 예, 감사합니다. 최대한 빨리 준비하여 드리겠습니다.

고 객 몇 분 정도 걸릴 것 같나요?

직 원 약 10분 정도면 안내해 드릴 수 있을 것 같습니다.

고 객 알겠습니다.

(10분 후)

직 원 그린 님, 두 분 자리 준비되었습니다. 기다려 주셔서 감사합니다. 편안한 식사하시기 바랍니다.

Fully booked

(만 석)

R I'm sorry but we don't have a table available right now.
Would you mind waiting for a little bit?
If you could leave your name, I'll get a table ready as soon as possible.

G Sam Green.

R How many people, sir?

G Two.

R Thank you. I will get a table ready as soon as possible.

G How long would the wait be?

R About 10 minutes, sir.

G OK.

(After 10 minutes)

R Mr. Green, we have a table for 2 ready.
Thank you for waiting. Enjoy your meal.

Key Words & Point Expressions

How long would the wait be?
몇 분 정도 걸릴 것 같나요?

04 Conversation

Receptionist 직원 **Guest** 고객

직 원 안녕하십니까, 몇 분이십니까?

고 객 4명입니다. 일행이 안에 있는데 확인해 봐도 괜찮나요?

직 원 예, 물론입니다. 둘러보신 후 일행 분이 없으시면 네 분 자리로 준비하겠습니다.

고 객 감사합니다.

05 Conversation

Receptionist 직원 **Guest** 고객

직 원 실례하겠습니다. 죄송합니다만, 객실용 슬리퍼는 객실에서만 사용하실 수 있습니다. 불편하시겠지만 슬리퍼를 바꾸어 신어 주시겠습니까?

고 객 아, 그런가요? 미안합니다.

직 원 아닙니다. 양해해 주셔서 감사합니다. 두 분 자리는 제가 준비해 놓겠습니다.

Guest without Reservation

(일행 찾는 고객)

R Good morning. How large is your party?

G Four. I have my colleagues in there. Could I look for them?

R Yes, of course. If you can't find them. I'll get a table for 4 for you.

G Thank you.

Key Words & Point Expressions

Good morning. How large is your party?
안녕하십니까, 몇 분이십니까?

Policy

(객실용 슬리퍼 사용)

R Excuse me, but the slippers are only for the use in the room.
Could you please change your shoes?

G Oh, I'm sorry.

R No problem. Thank you for understanding.
I'll get a table for two ready.

Key Words & Point Expressions

No problem. Thank you for understanding.
아닙니다. 양해해 주셔서 감사합니다.

06 Conversation

Receptionist 직원 **Guest** 고객

직　원 안녕하십니까, 가방이 몇 개입니까?

고　객 한 개입니다.

직　원 가지고 계신 가방은 저희 옷장에 보관해 드릴까요?

고　객 예, 감사합니다.

직　원 맡기신 가방 번호표입니다. 나오실 때 주시면 가방을 찾아드리겠습니다.

Luggage Handling

(가방 보관)

R Good morning. How many bags do you have?
G I have one bag.

R Would you like me to store your bag in our closet?
G Yes, thank you.

R Here's your tag.
Give it back to me when you leave and I will get your bag.

Key Words & Point Expressions

Could I get a table by the window?
혹시 창가 자리에 앉을 수 있을까요?

Let me check if there is a table available.
가능한 자리를 확인해 드리겠습니다.

Would you mind waiting for a bit?
잠시만 기다려 주시겠습니까?

Would you like me to store your bag in our closet?
가지고 계신 가방은 저희 옷장에 보관해 드릴까요?

07 Conversation

Waiter 웨이터 **Guest** 고객

웨 이 터 안녕하십니까? 몇 분이십니까?
고 객 두 명입니다.

웨 이 터 자리 안내해 드리겠습니다. 혹시 아침식사 쿠폰을 가지고 계십니까?
고 객 아, 여기 있습니다.

웨 이 터 감사합니다. 뷔페는 바로 이용하실 수 있습니다.

08 Conversation

Waiter 웨이터 **Guest** 고객

웨 이 터 아침식사 쿠폰을 가지고 계십니까?
고 객 아니오, 없습니다.

웨 이 터 그러십니까. 저희는 뷔페도 준비되어 있고, 일품 메뉴에서 따로 주문도 가능하십니다.
고 객 뷔페로 이용하겠습니다.

Guest with Coupon

(쿠폰 고객)

W Good morning. How large is your party?

G Two.

W This way, please. Do you have breakfast coupons?

G Oh, here you go.

W Thank you. Please help yourselves to the buffet.

Key Words & Point Expressions

This way, please. Do you have breakfast coupons?
자리 안내해 드리겠습니다. 혹시 아침식사 쿠폰을 가지고 계십니까?

Guest without Coupon

(쿠폰 미소지 고객)

W Do you have breakfast coupons?

G No, we don't.

W I see. We have a buffet and we also serve a la carte dishes.

G We'll have the buffet.

Key Words & Point Expressions

I see. We have a buffet and we also serve a la carte dishes.
그러십니까. 저희는 뷔페도 준비되어 있고, 일품 메뉴에서 따로 주문도 가능하십니다.

09 Conversation

Waiter 웨이터 **Guest** 고객

웨 이 터 아침식사 쿠폰을 가지고 계십니까?
고 객 방에다 두고 내려왔는데요.

웨 이 터 죄송합니다만, 혹시 식사 마치신 후 쿠폰을 가져다주실 수 있습니까?
고 객 지금 시간이 없는데, 내일 가져다줘도 괜찮을까요?

웨 이 터 그러시면 내일 꼭 부탁드리겠습니다. 방 번호를 알려 주시겠습니까?
고 객 1927호입니다.

웨 이 터 감사합니다.

Guest left Coupon

(쿠폰 분실 고객)

W Do you have breakfast coupons?

G I left them in the room.

W I'm sorry but could you bring them after breakfast?

G I'm in a hurry right now.
Can I give them to you tomorrow?

W Sure, please be sure by tomorrow. Thank you.
May I have your room number, please?

G 1927.

W Thank you.

Key Words & Point Expressions

I'm sorry but could you bring them after breakfast?
죄송합니다만, 혹시 식사 마치신 후 쿠폰을 가져다주실 수 있습니까?

10 Conversation

Waiter 웨이터　**Guest** 고객

웨 이 터　아침식사 쿠폰을 가지고 계십니까?
고　　객　아니오, 쿠폰은 없지만 아침식사는 포함되어 있다고 들었습니다.

웨 이 터　아, 그러십니까? 제가 조식 포함 여부를 확인하여 드리겠습니다. 잠시만 기다려 주시겠습니까?

웨 이 터　기다려 주셔서 감사합니다. 현재 귀빈층에 투숙하십니까? 그렇다면 조식은 EFL에서 무료로 이용하실 수 있습니다. 하지만 1층 뷔페 레스토랑의 경우는 별도로 조식 계산을 하셔야 합니다.
고　　객　아, 그러면 EFL을 이용하겠습니다.

웨 이 터　예, 중앙 엘리베이터를 이용하셔서 18층, 19층에 있는 라운지를 이용하실 수 있습니다. 감사합니다.

Executive Floor Lounge Guest

(EFL 고객)

W Do you have breakfast coupons?

G I didn't get any.
But I heard I can have breakfast at buffet restaurant.

W I see. Let me check. Just a moment, please.

W Thank you for waiting. Are you staying on the Executive Floor? You can have free breakfast at the EFL. If you'd like to have breakfast here, you'd have to pay for it.

G Oh, then I'll have breakfast at the EFL.

W All right. Use the central elevator, and the lounges are on the 18th and the 19th floors. Thank you.

Key Words & Point Expressions

I see. Let me check. Just a moment, please.
아. 그러십니까? 제가 조식 포함 여부를 확인하여 드리겠습니다. 잠시만 기다려 주시겠습니까?

11 Conversation

Waiter 웨이터 **Guest** 고객

웨 이 터 죄송합니다만, 지금 저희 홀에 가능한 좌석이 없습니다. 조금만 기다려 주시겠습니까? 아니면 지금 32층 프랑스 레스토랑에서 조식 뷔페를 운영하고 있는데, 32층 프랑스 레스토랑을 이용하시는 것은 어떻습니까?

고 객 거기도 여기와 같은 뷔페인가요?

웨 이 터 예, 뷔페가 준비되어 있습니다. 이곳보다 가짓수는 조금 적지만 훌륭한 조식 뷔페입니다. 32층의 경우 전망도 좋아서 즐겁게 식사하실 수 있을 것입니다.

고 객 그러면 올라가겠습니다.

Be Diplomatic

(레스토랑 추천)

W I'm sorry but we don't have a table available right now. Would you like to wait for a while? Or you can go up to the 32nd floor to Continental. They have a breakfast buffet, too.

G Do they have a buffet like here?

W Yes, French Restaurant serves buffet. They have less selection than we do, but they serve good breakfast buffet. It is on the 32nd floor so you will have a mountain view while enjoying your meal.

G OK. I'll go up there.

Key Words & Point Expressions

Do they have a buffet like here?
거기도 여기와 같은 뷔페인가요?

12 Conversation

Waiter 웨이터 **Guest** 고객

웨 이 터 혹시 아침식사 쿠폰을 가지고 계십니까?

고 객 여기 두 장 있습니다.

웨 이 터 예, 두 장 받았습니다. 어른 두 분은 지금 주신 뷔페 쿠폰으로 사용하시고, 어린이 두 명은 저희가 어린이 금액으로 따로 계산서를 만들어 드리겠습니다.

13 Conversation

Waiter 웨이터 **Guest** 고객

고 객 미안하지만 지금 시간이 없어서 이 쿠폰으로 빵 몇 가지만 가져갈 수 있을까요?

웨 이 터 예, 제가 빵을 담을 수 있는 봉투를 준비해 드리겠습니다. 잠시만 기다려 주시겠습니까? 여기 있습니다. 커피나 차도 가져가실 수 있도록 준비해 드릴까요?

Separate bill for the children

(어린이 고객 별도 계산)

W Do you have breakfast coupons?

G I have two.

W Thank you. The two adults can use these coupons.
I'll prepare a separate bill for the two children.

Key Words & Point Expressions

I'll prepare a separate bill for the two children.
따로 계산서를 만들어 드리겠습니다.

Busy Businessman

(뷔페 쿠폰을 소지한 바쁜 고객)

G I'm sorry but I'm in a hurry, and I was wondering if I could use this coupon to take some bread.

W Sure. I'll get you a bag. Just a moment, please. Here's a bag.
Would you like some coffee or tea to go?

Key Words & Point Expressions

Would you like some coffee or tea to go?
커피나 차도 가져가실 수 있도록 준비해 드릴까요?

14 Conversation

Waiter 웨이터 **Guest** 고객

웨이터 안녕하십니까. 어느 분 성함으로 예약하셨습니까?

고 객 아, 예약은 하지 않았는데요.

웨이터 죄송합니다만, 지금은 저희 모든 테이블들이 저녁 뷔페로 예약이 되어 있습니다. 저희 야외 테라스를 이용해 보시는 것은 어떠시겠습니까?

Peak Time

(하절기 만석으로 테라스 유도)

W Hello. What's the name on your reservation?

G Oh, I don't have a reservation.

W I'm sorry but all our tables are reserved for the dinner buffet. Would you like to try our outdoor terrace?

Key Words & Point Expressions

I'm sorry but all our tables are reserved for the dinner buffet.
죄송합니다만, 지금은 저희 모든 테이블들이 저녁 뷔페로 예약이 되어 있습니다.

Grammer

2형식으로 말하기

<장소> 주제와 관련해서 '당신이 투숙하는 방에 대해 이야기해 주세요.'라는 문제에 답할 때, '제 방은 큽니다.'라고 답할 수 있어요. 이를 영어로 표현하면 다음과 같아요.

My room is large.

'주어는 (어떠)하다/(무엇)이다'를 표현할 때는 위의 예문처럼 [주어+동사+주격 보어]의 2형식 문장으로 말해요. 2형식 문장에서 자주 사용되는 동사에는 be(~하다/~이다), become(~되다), feel(~라고 느끼다) 등이 있어요.

My room	is	large.	**[2형식 문장]**
주어	동사	주격보어	

문장 말해보기

1. 제 업무는 재미있습니다.
My work is interesting.
My sentence ________________________________

____

2. 그 호텔은 붐볐습니다.
The hotel was crowded.
My sentence ________________________________

____

Quiz

괄호 안의 표현을 사용하여 다음의 우리말 문장을 영어로 말해 보세요.

1. 저희 아파트단지는 평범합니다. **(my apartment complex, boring)**

2. 텔레비전을 보는 동안, 저는 슬펐습니다. **(I, sad)**

3. 저는 편안해졌습니다. **(I, comfortable)**

4. 그는 약간 긴장했습니다. **(He, a little nervous)**

Practice Point

1. *R* : Good evening, sir. (   ) what name do you have a reservation?

   안녕하십니까? 어느 분 성함으로 예약하셨습니까?

   G : Yes, under Sam Green.

   샘 그린입니다.

2. *G* : How (   ) would the wait be?

   몇 분 정도 걸릴 것 같나요?

   R : About 10 minutes, sir.

   약 10분 정도면 안내해 드릴 수 있을 것 같습니다.

PART II

식음료서비스 부문 I

Food & Beverage Service I

Hotel
Restaurant
Service
English

CHAPTER 03

Restaurant Order Service I

- Conversation & Point
- Grammer & Quiz
- Practice Point

01 Conversation

Waiter 웨이터 **Guest** 고객

웨 이 터 주문하시겠습니까?
고 객 텐더로인 스테이크로 주세요.

웨 이 터 고기는 어떻게 익혀 드릴까요?
고 객 미디엄으로 해주세요.

웨 이 터 스테이크와 함께 와인이나 맥주 한 잔 같이 하시겠습니까?
고 객 맥주는 뭐가 있나요?

웨 이 터 한국 맥주가 있습니다. 일본 맥주와 유럽 맥주도 있습니다.
고 객 한국 맥주 한 병 주세요.

웨 이 터 예, 바로 준비해 드리겠습니다.

Order

(주 문)

W May I take your order?

G Tenderloin steak, please.

W How would you like your steak done?

G Medium, please.

W Would you like some wine or beer with your steak?

G What kind of beer do you have?

W We have Korean beers. We also have Japanese and European beer.

G One bottle of Korean beer.

W Thank you, coming right up, sir.

Key Words & Point Expressions

May I take your order?
주문하시겠습니까?

How would you like your steak done?
고기는 어떻게 익혀 드릴까요?

02 Conversation

Waiter 웨이터 **Guest** 고객

웨 이 터 식사하시면서 와인을 드시겠습니까?

고 객 예. 프랑스 생테 밀리옹 지방의 샤토 까농 1996년산으로 주세요.

03 Conversation

Waiter 웨이터 **Guest** 고객

고 객 음식을 추천해 주시겠어요?

웨 이 터 예, 세트메뉴 중 두 번째 메뉴인 라 에이치 메뉴를 추천해 드립니다. 에이치의 메인코스인 고베 비프가 오늘 정말 좋습니다.

Order for Wine

(와인 주문)

W Would you care for some wine today?

G Yes. I'd like to have a bottle of French Saint Emilion Chateau Canon 1996.

Key Words & Point Expressions

Would you care for some wine today?
식사하시면서 와인을 드시겠습니까?

Order for Set Menu

(세트메뉴 주문)

G Can you recommend something?

W Sure. I recommend La H, the second item from the top on the menu. The Kobe beef, which is the main dish for La H, is very good today, sir.

Key Words & Point Expressions

Can you recommend something?
음식을 추천해 주시겠어요?

04 Conversation

Waiter 웨이터 **Guest** 고객

고 객 점심은 뭐가 있습니까?

웨 이 터 점심은 세미 뷔페가 준비되어 있습니다. 보시는 바와 같이 전채요리와 디저트 뷔페가 있고, 메뉴를 보시면 수프와 메인코스는 저희가 직접 서비스하고 있습니다. 그래서 고객님께서는 메뉴에 나와 있는 메인코스 6가지 중에서 드시고 싶으신 것 한 가지만 선택하시면 됩니다. 오늘의 수프는 양파 크림수프로 준비하였습니다.

Order for Lunch

(점심메뉴 주문)

G What do you serve for lunch?

W We serve semi-buffet for lunch. As you can see, we have a buffet of appetizers and desserts. For soups and main dishes, you can choose one for each from the menu. We have six main dishes, and the soup for today is onion cream.

Key Words & Point Expressions

What do you serve for lunch?
점심은 뭐가 있습니까?

05 Conversation

Waiter 웨이터 **Guest** 고객

웨 이 터 안녕하십니까? 식사하시기 전에 샴페인을 준비해 드리겠습니다.

고 객 고마워요, 그런데 저희는 샴페인을 주문하지 않았는데…….

웨 이 터 예, 저희 브런치 뷔페는 샴페인이 포함되어 있습니다.

고 객 알겠습니다.

웨 이 터 그러십니까? 오늘 저희 콘티넨탈에 처음 방문해 주셔서 감사합니다. 저희는 공휴일과 주말 점심에는 보시는 바와 같이 '브런치'라고 아침 겸 점심 뷔페를 하고 있습니다. 요리는 달걀요리, 와플과 스테이크류, 파스타, 샐러드, 해산물 등등 양식 스타일의 뷔페음식이 준비되어 있고, 두 가지의 볶음밥과 초밥도 준비되어 있습니다. 또한 주스와 우유도 제공되기 때문에 아침과 점심을 겸해서 식사를 하실 수 있습니다.

Order for brunch
(브런치 식사 주문)

W Good morning? I'll bring some champagne for you.
G Thank you, but we didn't order champagne......

W Oh, our brunch buffet includes champagne.
G I see.

W I see. Thank you for visiting Continental. During the lunch hours on the weekend and on holidays, we serve brunch. We have a buffet of eggs, waffles, steaks, pasta, salad and sea food. We also have two kinds of fried rice, as well as sushi. There are also juices and milk for you.

Key Words & Point Expressions

Oh, our brunch buffet includes champagne.
저희 브런치 뷔페는 샴페인이 포함되어 있습니다.

06 Conversation

Waiter 웨이터 **Guest** 고객

웨 이 터 제가 고객님의 코트를 보관해 드리겠습니다. 코트에 귀중품은 없습니까?

고 객 없어요, 고마워요.

07 Conversation

Waiter 웨이터 **Guest** 고객

고 객 화장실이 어디에 있나요?

웨 이 터 저희 레스토랑 입구 밖으로 나가셔서 우측으로 돌아 나가시면 우측에 있습니다.

Cloak Room

(외투 보관)

W Let me keep your coat.

Do you have any valuables in it?

G No, Thank you.

Key Words & Point Expressions

Let me keep your coat.
제가 고객님의 코트를 보관해 드리겠습니다.

Direction

(화장실)

G Where's the bathroom?

W Go out of the restaurant and turn right.

It will be on your right.

Key Words & Point Expressions

Go out of the restaurant and turn right. It will be on your right.
저희 레스토랑 입구 밖으로 나가셔서 우측으로 돌아 나가시면 우측에 있습니다.

08 Conversation

Waiter 웨이터 **Guest** 고객

웨 이 터 죄송합니다만, 고객님께서 메인요리와 같이 주문하신 아스파라거스와 리조또가 실수로 주문되지 않았습니다. 제가 주방에 이야기해서 최대한 빨리 음식을 준비해 드리도록 하겠습니다. 요리는 8분 정도 소요되니 조금만 더 기다려 주십시오. 죄송합니다.

고 객 어쩐지 이상하더라. 그래요, 그럼 그렇게 해주세요.

09 Conversation

Waiter 웨이터 **Guest** 고객

웨 이 터 10분 뒤면 뷔페음식이 정리되오니 필요한 음식이 있으면 지금 더 가져가시기 바랍니다.

고 객 알겠어요. 감사합니다.

Complaints

(직원의 실수)

W I'm sorry but there has been a mistake. Along with the main dish, you ordered the asparagus and risotto, but the order has not been placed yet. I'll talk to the kitchen so it will be prepared as soon as possible. It will take about 8 minutes. I apologize.

G I knew something was wrong. Please go ahead.

Key Words & Point Expressions

I knew something was wrong. Please go ahead.
어쩐지 이상하더라. 그래요. 그럼 그렇게 해주세요.

Closing

(뷔페음식 정리)

W The buffet will be closed in 10 minutes.
If you need anything else, please go ahead at this time.

G OK, thank you.

Key Words & Point Expressions

The buffet will be closed in 10 minutes.
10분 뒤면 뷔페음식이 정리됩니다.

10 Conversation

Waiter 웨이터 **Guest** 고객

고 객 영업이 끝났나요?

웨 이 터 죄송하지만 저희 영업시간은 9시까지입니다. 하지만 1층 뷔페 레스토랑 영업시간은 10시까지라서 식사를 하실 수가 있습니다. 제가 뷔페 레스토랑에 전화해 드리겠습니다.

Greeting Guest After Closing

(영업시간 종료 후)

G Are you closed?

W Yes, I'm sorry but we close at 9. But The Buffet Restaurant on the first floor is open until 10. Let me call The Buffet Restaurant for you.

Key Words & Point Expressions

Are you closed?
영업이 끝났나요?

Grammer

3형식으로 말하기

〈여행〉 주제와 관련하여 '좋아하는 여행지는 어디입니까?'라는 질문에 답할 때, '저는 궁을 좋아합니다.'라고 답할 수 있어요. 이를 영어로 표현하면 다음과 같아요.

I like palaces.

'주어가 ~을 -하다'를 표현할 때는 위의 예문처럼 [주어+동사+목적어]의 3형식 문장으로 말해요. 3형식 문장에서 자주 사용하는 동사에는 have(~을 가지다), like(~을 좋아하다), play(운동)을 하다/(악기)를 연주하다, watch(~을 보다), use(~을 사용하다), discuss(~을 논의하다) 등이 있어요.

I	like	palaces.	**[3형식 문장]**
주어	동사	주격보어	

문장 말해보기

1. 그는 호화스런 차를 가지고 있습니다.

He has a gorgeous car.

My sentence ______________________________

____

2. 저는 드라마를 봅니다.

I watch dramas.

My sentence ______________________________

____

Quiz

괄호 안의 표현을 사용하여 다음의 우리말 문장을 영어로 말해 보세요.

1. 저는 제 친구들과 야구를 즐깁니다. **(baseball, with my friends)**

2. 저는 노트북 컴퓨터를 가지고 있습니다. **(a notebook computer)**

3. 저는 바닥을 쓸기 위해서 진공청소기를 사용합니다.
(a vacuum cleaner, to sweep the floor)

4. 저는 재즈음악을 좋아합니다. **(jazz music)**

Practice Point

1. *W* : (   ) I take your order?

   주문하시겠습니까?

   G : Tenderloin steak, please.

   텐더로인 스테이크로 주세요.

2. *W* : (   ) would you like your steak done?

   고기는 어떻게 익혀 드릴까요?

   G : Medium, please,

   미디엄으로요.

C H A P T E R

04

Restaurant Order Service Ⅱ

- Conversation & Point
- Grammer & Quiz
- Practice Point

01 Conversation

Waiter 웨이터 **Guest** 고객

웨 이 터 안녕하십니까, 저희 조식은 뷔페로 드시거나 일품메뉴에서 주문하실 수도 있습니다.

고 객 뷔페에는 뭐가 준비되어 있나요?

웨 이 터 조식 뷔페에는 여러 가지 빵과 주스, 달걀요리, 시리얼 등이 있고, 특히 저희는 아침에 국수와 딤섬도 준비해 드리고 있습니다.

고 객 그러면 뷔페를 이용하겠습니다. 바로 이용하면 되나요?

웨 이 터 예, 그렇습니다. 커피나 차를 준비해 드릴까요?

Order for Breakfast Buffet

(뷔페 주문)

W Good morning. We have a buffet and a la carte dishes.

G What does the buffet include?

W The buffet includes a variety of breads, juices, eggs and cereal. We also have noodle soup and dimsums.

G I'll have the buffet, then. Can I go ahead?

W Sure. Would you like some coffee or tea?

Key Words & Point Expressions

Would you like some coffee or tea?
커피나 차를 준비해 드릴까요?

02 Conversation

Waiter 웨이터 **Guest** 고객

고 객 메뉴를 보여주세요.

웨 이 터 예, 메뉴 여기 있습니다. 주문하시겠습니까?

고 객 아메리칸 블랙퍼스트로 주문하겠습니다.

웨 이 터 예, 주스는 어떤 주스로 하시겠습니까? 오렌지, 자몽, 토마토, 사과, 당근주스가 있습니다.

고 객 당근과 사과를 반씩 넣은 주스도 가능한가요?

웨 이 터 예, 가능합니다. 달걀요리는 어떻게 준비해 드릴까요? 프라이드, 보일드, 스크램블, 포치드 에그가 가능합니다.

고 객 프라이드로 주세요.

웨 이 터 달걀 프라이를 어떻게 준비해 드릴까요?

고 객 서니 사이드 업으로 주세요.

웨 이 터 토스트나 롤이 가능합니다. 어떤 것으로 준비해 드릴까요?

고 객 토스트와 크루아상을 섞어서 줄 수 있나요?

웨 이 터 그럼요. 감사합니다. 바로 준비해 드리겠습니다.

American Breakfast Order

(일품 주문)

G Can I see the menu?

W Sure, here you are. May I take your order?

G I'd like to have the American Breakfast.

W Sure. What kind of juice would you like? We have orange, grape fruit, tomato, apple and carrot juice.

G Can I have carrot and apple juice mixed together?

W Sure. How would you like your eggs? Fried, boiled, scrambled or poached?

G Fried.

W How would you like your fried egg cooked?

G Sunny side up.

W Toast or rolls?

G Can I have toast and croissants?

W Sure. Thank you. Coming right up, sir.

Key Words & Point Expressions

How would you like your fried egg cooked?
달걀 프라이를 어떻게 준비해 드릴까요?

03 Conversation

Waiter 웨이터 **Guest** 고객

고 객 한식에는 무엇이 있나요?

웨 이 터 한식 메뉴로는 사골우거지국과 북어해장국, 한국식 조찬 정식이 있습니다.

고 객 한국식 조찬 정식은 어떻게 나오나요?

웨 이 터 한식은 모두 반상으로 준비되며, 조찬 정식은 밥과 국, 반찬 3가지와 생선요리가 나옵니다.

고 객 사골우거지국과 북어해장국은 맛이 어떤가요?

웨 이 터 사골우거지국은 소뼈로 우려낸 국물이고, 북어해장국은 생선으로 우려낸 국물로 만들어진 음식입니다. 사골우거지국은 약간 맵고 진한 맛을 느끼실 수 있고, 북어해장국은 시원한 맛을 느끼실 수 있습니다.

고 객 한국 음식 중 무엇을 추천하나요?

웨 이 터 외국 고객님들은 북어해장국보다는 사골우거지국을 더욱 선호하시는 편입니다.

고 객 많이 맵지는 않나요?

웨 이 터 따로 준비되는 다진 양념을 추가하여 넣지 않으신다면 그렇게 맵지는 않습니다.

Order for Korean Breakfast

(한식단품 주문)

G What do you have for Korean food?

W We have Beef bone soup, Dried Pollack soup, and the Korean breakfast.

G What's the Korean breakfast?

W It has rice, soup, three side dishes and cooked fish.

G What are Beef bone soup and Dried Pollack soup like?

W Beef bone soup is made with beef bone, while Dried Pollack soup is made with fish stock. Beef bone soup is a little spicy and rich, and Dried Pollack soup is refreshing.

G What would you recommend?

W Our non-Korean guests tend to prefer the Beef bone soup to the Dried Pollack soup.

G Isn't the Beef bone soup spicy?

W Not unless you add the spices that will be served on the side.

Key Words & Point Expressions

What would you recommend?
한국 음식 중 무엇을 추천하나요?

04 Conversation

Waiter 웨이터 **Guest** 고객

웨 이 터 사께나 와인 먼저 하시겠습니까?

고 객 (사께 리스트를 보며) 예, 사께를 구분한 기준은 무엇입니까?

웨 이 터 청주에 양조알코올을 첨가한 여부에 따라 또는 정미 비율(쌀을 깎는 비율)에 따라 구분했습니다.

고 객 핫까이산 사께를 하고 싶어요.

웨 이 터 병으로 하시겠습니까 아니면, 작은 도꾸리로 하시겠습니까?

고 객 작은 도꾸리는 크기가 어떻게 됩니까?

웨 이 터 280ml입니다.

고 객 작은 도꾸리로 주세요.

웨 이 터 예. 시원하게 준비할까요, 아니면 따뜻하게 준비할까요?

고 객 차갑게 마시는 것이 좋나요?

웨 이 터 사께 온도는 기호에 따라 드시는 게 좋습니다만, 뜨거운 사께보다는 차갑게 드실 때 더 깊은 맛을 느끼실 수 있습니다.

고 객 차가운 사께는 온도가 얼마나 되나요?

웨 이 터 적정온도는 12도이지만, 많은 고객께서 5~6도로 드시는 것을 더 선호하십니다.

고 객 그럼 차가운 것으로 주세요.

웨 이 터 예, 감사합니다.

Sake Order

(사께 주문)

W Would you like to start with some sake or wine, sir?

G Sure, what's the difference between all these sakes?

W They are listed according to the alcohol content and how polished the rice was when the sake was made.

G I'd like to have sake from Hatkai.

W Would you like the whole bottle or in a small Dokuri?

G How small is the Dokuri?

W It holds 280ml.

G I'll have a Dokuri.

W Sure. Would you like it cold or warm?

G Is cold better?

W It depends on your taste, but cold sake tastes deeper than warm sake.

G How cold is your cold sake?

W We call it cold when it is 12 degrees, but many of our guests prefer it colder, at about 5~6 temperature degrees.

G Then I'll have it cold too.

W Thank you, sir.

Key Words & Point Expressions

Would you like it cold or warm?
시원하게 준비할까요, 아니면 따뜻하게 준비할까요?

05 Conversation

Waiter 웨이터 **Guest** 고객

웨 이 터 주문하시겠습니까?
고 객 예, 뭐가 맛있나요?

웨 이 터 저희는 생선회, 초밥, 도미조림, 도시락 등이 인기메뉴입니다.
고 객 스시 세트메뉴에 스시는 몇 개인가요?

웨 이 터 일곱 개입니다. 장국이 함께 서비스됩니다.
고 객 어떤 종류의 초밥이 나옵니까?

웨 이 터 도로, 흰살생선, 등푸른생선, 조개류, 계절생선 등으로 구성됩니다.
고 객 등푸른생선에는 무엇이 있나요?

웨 이 터 고등어, 전어 종류의 생선을 말합니다.
고 객 아, 난 그런 건 못 먹어요.

웨 이 터 그럼 다른 것으로 바꿔드리겠습니다. 특별히 좋아하시는 생선이 있습니까?
고 객 저는 도로(참치뱃살)를 좋아합니다. 이 세트메뉴에 생선을 모두 도로로 바꿔주실 수 있나요?

웨 이 터 예, 가능합니다만, 전부 도로로 하시면 추가요금이 있습니다. 그렇게 준비할까요?
고 객1 예, 해 주세요.
고 객2 우리는 그냥 레귤러초밥 2인분 주세요.

Menu Order

(식사 주문)

W May I take your order?

G Yes, what do you recommend?

W Our popular menus include Sashimi, Sushi, boiled red snapper and the lunch box.

G How many Sushi come with the Sushi set?

W Seven. It also comes with a bowl of soup.

G What kind of fish do you make the Sushi with?

W Tuna fish, white fish, blue-backed fish, shell fish and seasonal fish.

G What do you serve for blue-backed fish?

W Fish with blue back, like mackerel or hickory shad.

G Oh, I can't eat those.

W Then we can replace them with other fish. Anything you'd prefer, sir?

G I like the belly part of tuna fish. Can I have my sushi all made with that?

W Yes, but there will be an additional charge. Would that be all right, sir?

G1 Yes, please go ahead.

G2 We're just going to have 2 regular Sushi.

Key Words & Point Expressions

What do you recommend?
무엇이 맛있나요?

06 Conversation

Waiter 웨이터 **Guest** 고객

웨 이 터 후식은 무엇으로 하시겠습니까? 과일, 아이스크림은 녹차, 참깨, 단팥 아이스크림이 있고 셔벗도 있습니다.

고 객 아이스크림은 여기서 만드나요?

웨 이 터 예. 특히 참깨 아이스크림이 인기 있습니다.

고 객 그걸로 주세요.

웨 이 터 예, 감사합니다. 주문하신 참깨 아이스크림입니다.

고 객 고마워요. 그런데 이 물수건 위에 레몬은 무슨 용도입니까?

웨 이 터 예, 식사가 끝나신 후 생선의 비린 냄새를 제거하기 위한 것입니다.

Dessert Order
(후식 주문)

W Would you like some dessert? We have a fruit platter, ice cream and sorbet. We serve green tea, sesame and red bean ice creams.

G Is the ice cream made here?

W Yes. Our sesame ice cream is expecially popular.

G I'll have that.

W Thank you, Here's the sesame ice cream, sir.

G Thank you. By the way, what's this lemon for?

W It's to remove the fish smell. You can use it with the wet towel to clean your hands.

Key Words & Point Expressions

Would you like some dessert?
후식은 무엇으로 하시겠습니까?

07 Conversation

Waiter 웨이터 **Guest** 고객

고　객 사시미와 스시가 무엇입니까?

웨 이 터 사시미는 날생선을 의미하며 와사비와 함께 간장에 찍어서 드시면 됩니다. 스시는 밥 위에 날생선과 같이 드시는 것으로 간장에 찍어서 드시면 됩니다.

고　객 벤또가 무엇인가요?

웨 이 터 도시락을 뜻하며, 그 안에 조림, 구이, 튀김 등 다양한 음식을 맛볼 수 있습니다.

고　객 (간이 되어 있는 튀김) 튀김소스가 없나요?

웨 이 터 양념되어 있습니다만, 원하시면 준비해 드리겠습니다. 부족하시면 이 녹차소금을 찍어서 드셔도 맛있습니다. 직접 만든 소금입니다.

고　객 낫또가 뭐죠?

웨 이 터 일본식 된장으로, 건강에 아주 좋은 음식입니다.

고　객 낫또 소바는 어떻게 먹죠?

웨 이 터 이 소스에 와사비와 파를 넣으신 후 면에 부으시고, 낫또와 함께 비벼서 드시면 됩니다.

고　객 도시락과 스시를 포장이 될까요? 오전 11시쯤 하고 싶은데요.

웨 이 터 죄송합니다만, 포장은 영업시간 내에만 가능합니다. 12시까지는 준비해 드릴 수 있는데, 괜찮으시겠습니까?

Explaining the Menu

(메뉴설명 및 이용안내)

G What's Sashimi and what's Sushi?

W Sashimi is raw fish. You can dip it in Wasabi soy sauce. Sushi is raw fish on top of rice. You also dip it in the soy sauce.

G What's a bento?

W It's a lunch box. It contains boiled, roasted and fried food in one box.

G Can I have some sauce for this?

W It's already been seasoned, but I'll get you some sauce if you want. You can also dip it in this green tea salt, specially made here at our restaurant.

G What's Natto?

W It's bean paste in Japanese style. Very good for health.

G How do I eat the Natto Soba?

W Add the Wasabi and green onions in this sauce, pour it onto your noodles, and mix with the Natto.

G Can I get lunch box and some Sushi to go? At about 11 a.m.?

W I'm sorry, but we take take-out orders only during our business hours, Would it be all right if we get one by 12?

Key Words & Point Expressions

What's Natto?
낫또가 뭐죠?

It's bean paste in Japanese style. Very good for health.
일본식 된장으로, 건강에 아주 좋은 음식입니다.

Grammer

4형식으로 말하기

<업무> 주제와 관련하여 '누가 팩스 보내는 법을 알려 주었나요?'라는 문제에 답할 때, '상사께서 저희에게 방법을 가르쳐 주셨어요.'라고 답할 수 있어요. 이를 영어로 표현하면 다음과 같아요.

Our boss taught us the way.

'주어가 ~에게 …을 -하다'를 표현할 때는 위의 예문처럼 [주어+동사+간접목적어+직접목적어]의 4형식 문장으로 말해요. 4형식 문장에서 자주 사용되는 동사에는 give(~에게 …을 주다), buy(~에게 …을 사주다), show(~에게 …을 보여주다), teach(~에게 …을 가르쳐 주다) 등이 있어요.

Our boss	taught	us	the way.	[4형식 문장]
주어	동사	간접목적어	직접목적어	

문장 말해보기

1. 제 선생님께서 제게 특별과제를 주었습니다.

My teacher gave me a special assignment.

My sentence ______________________________

____

2. 저의 부모님께서 제게 책상을 사주셨습니다.

My parents bought me a desk.

My sentence ______________________________

____

Quiz

괄호 안의 표현을 사용하여 다음의 우리말 문장을 영어로 말해 보세요.

1. 그가 우리에게 야구하는 법을 보여 주었습니다. **(how to play baseball)**

2. 저는 저희 선생님께 선물을 사드렸습니다. **(My teacher, some gifts)**

3. 저희 친구가 스마트폰 사용방법을 가르쳐 주었습니다.
(my friend, how to use the smart phone)

4. 제 친구가 나에게 책을 주었습니다. **(My friend, a book)**

Practice Point

1. *G* : I'll have the buffet, then. Can I go ahead?

   그러면 뷔페를 이용하겠습니다. 바로 이용하면 되나요?

   R : Sure. (   ) you like some coffee or tea?

   예, 그렇습니다. 커피나 차를 준비해 드릴까요?

2. *G* : Can I have toast and croissants?

   토스트와 크루아상을 섞어서 줄 수 있나요?

   W : Sure. Thank you. (   ) right up, sir.

   그럼요. 감사합니다. 바로 준비해 드리겠습니다.

3. *G* : What would you (   )?

   한국 음식 중 무엇을 추천하나요?

   W : Our non-Korean guests tend to prefer the Beef bone soup to the Dried Pollack soup.

   외국 고객님들은 북어해장국보다는 사골우거지국을 더욱 선호하시는 편입니다.

CHAPTER

05

Restaurant Service I

- Conversation & Point
- Grammer & Quiz
- Practice Point

01 Conversation

Waiter 웨이터 **Guest** 고객

웨 이 터 실례하겠습니다. 커피나 차를 하시겠습니까?
고　객 커피 주세요.

웨 이 터 예, 바로 준비해 드리겠습니다.

웨 이 터 실례하겠습니다. 커피 올려 드리겠습니다.

02 Conversation

Waiter 웨이터 **Guest** 고객

웨 이 터 실례하겠습니다. 커피 한 잔 더 하시겠습니까?
고　객 부탁합니다.

웨 이 터 바로 준비해 드리겠습니다.

Coffee Service

(커피서비스)

W Excuse me. Would you like some coffee or tea?
G Coffee, please.

W Coming right up, sir.

W Excuse me. Here's some coffee.

Key Words & Point Expressions

Would you like some coffee or tea?
커피나 차를 하시겠습니까?

Refill Service

(리필서비스)

W Excuse me. Would you like some more coffee?
G Yes, please.

W Sure. Coming right up, sir.

Key Words & Point Expressions

Would you like some more coffee?
커피 한 잔 더 하시겠습니까?

03 Conversation

Waiter 웨이터 **Guest** 고객

웨 이 터 실례하겠습니다. 커피나 차 한 잔 하시겠습니까?
고 객 차 주세요.

웨 이 터 레몬이나 우유를 함께 넣어드릴까요?
고 객 뜨거운 우유를 함께 주세요.

웨 이 터 예, 준비해 드리겠습니다.

웨 이 터 실례하겠습니다. 차와 우유 올려 드리겠습니다.

04 Conversation

Waiter 웨이터 **Guest** 고객

웨 이 터 어린이용 높은 의자를 준비해 드릴까요?
고 객 감사합니다.

Tea Service
(티서비스)

W Excuse me. Would you like some coffee or tea?
G Tea, please.

W Would you like some lemon or milk with your tea?
G With hot milk, please.

W Coming right up, sir.

W Excuse me. Tea and milk.

Key Words & Point Expressions

Would you like some lemon or milk with your tea?
레몬이나 우유를 함께 넣어드릴까요?

Children Guest
(어린이 고객)

W Would you like a high chair for your baby?
G Thank you.

Key Words & Point Expressions

Would you like a high chair for your baby?
어린이용 높은 의자를 준비해 드릴까요?

Grammer

5형식으로 말하기

<걷기> 주제와 관련하여 '걷기의 장점은 무엇인가요?'라는 문제에 답할 때, '걷기는 제가 건강을 유지하도록 도와줍니다.'라고 답할 수 있어요. 이를 영어로 표현하면 다음과 같아요.

Walking helps me stay fit.

'주어가 ~을(~이) -하도록(-하는 것을) -하다'를 표현할 때는 위의 예문처럼 [주어+동사+목적어+목적격 보어]의 5형식 문장으로 말해요. 5형식 문장에서 자주 사용되는 동사에는 make(~을 -하게 만들다), help(~이 -하도록 돕다), see(~이 -하는 것을 보다/알다) 등이 있어요.

Walking	**helps**	**me**	**stay fit.**	**[5형식 문장]**
주어	동사	목적어	목적격 보어	

문장 말해보기

1. 그 음악은 저를 행복하게 만들었습니다.
The concert made me feel happy.
My sentence ______________________

2. 저는 유명한 음악가들이 공연하는 것을 보았습니다.
I saw famous musicians perform.
My sentence ______________________

Quiz

괄호 안의 표현을 사용하여 다음의 우리말 문장을 영어로 말해 보세요.

1. 저는 엄마가 청소하시는 것을 도와드렸습니다. **(my mother, clean)**

2. 병원에 가는 것은 저를 긴장하게 만듭니다.
(going to the hospital, feel nervous)

3. 그것은 거실을 더 환하게 만들었습니다. **(the living room, bright)**

4. 그녀는 자신의 학생이 결승전에서 우승하도록 도왔습니다.
(her team, win the championship)

Practice Point

1. *W* : Excuse me. (　　　　　) you like some coffee or tea?

   실례하겠습니다. 커피나 차를 하시겠습니까?

   G : Coffee, please.

   커피 주세요.

2. *W* : Excuse me. Would you like some (　　　　　) coffee?

   실례하겠습니다. 커피 한 잔 더 하시겠습니까?

   G : Yes, please.

   부탁합니다.

CHAPTER

06

Restaurant Service II

- Conversation & Point
- Grammer & Quiz
- Practice Point

01 Conversation

Waiter 웨이터 **Guest** 고객

고　객 소홍주가 무엇입니까?

웨 이 터 찹쌀을 발효시켜 만든 중국 사오싱 지방의 발효주로, 중국 8대 명주 가운데 하나입니다.

고　객 독하지 않나요?

웨 이 터 중국술 중에서 도수가 제일 약한 15도입니다.

고　객 소홍주 10년산 주세요.

웨 이 터 소홍주를 뜨겁게 해서 드릴까요, 아니면 차갑게 드시겠습니까?

고　객 뜨겁게 주세요.

웨 이 터 즉시 준비하겠습니다.

Order for Beverages

(음료 주문)

G What's Saoshing Wine?

W It's fermented wine from Saoshing, China, made with sticky rice.
It is one of the 8 most famous Chinese wines.

G Isn't it strong?

W It's actually the least strong Chinese wine. Alcohol content is 15%.

G I'll have a ten year old one.

W Would you like it hot or cold?

G Hot, please.

W Thank you, sir.

Key Words & Point Expressions

Would you like it hot or cold?
음료를 뜨겁게 해서 드릴까요, 아니면 차갑게 드시겠습니까?

02 Conversation

Waiter 웨이터 **Guest** 고객

고 객 식사를 추천해 주시겠어요?

웨 이 터 특별히 좋아하시거나 싫어하시는 요리가 있습니까?

고 객 해삼은 알레르기 때문에 못 먹고 고기와 야채가 좋겠어요.

웨 이 터 달콤한 레몬소스 닭고기와 담백한 모듬버섯요리를 추천해 드리겠습니다.

고 객 그것으로 주세요. 그리고 음식을 30분 이내에 주실 수 있나요? 50분 뒤에 미팅이 있어요.

웨 이 터 잘 알겠습니다. 가능한 한 빨리 준비하여 30분 이내에 서비스를 완료하겠습니다.

Order for Menu

(식사 주문)

G Can you recommend something?

W Do you have a preference or foods that you don't like?

G I'm allergic to sea cucumber. I'd prefer meat and vegetables.

W Then I recommend chicken in sweet lemon sauce and assorted mushrooms.

G I'll have those. Can I get them within 30 minutes?
I have a meeting in 50 minutes.

W I see. I'll make sure the food is served within 30 minutes.

Key Words & Point Expressions

Do you have a preference or foods that you don't like?
특별히 좋아하시거나 싫어하시는 요리가 있습니까?

03 Conversation

Waiter 웨이터 **Guest** 고객

고 객 딤섬이 무엇인가요?

웨 이 터 딤섬은 중국어로 '시장기를 해소한다'는 뜻으로, 일반적으로 중국식 만두를 말합니다. 이 접시에 간장과 식초, 고추기름을 섞어서 드시기 전에 찍어서 드십시오.

고 객 북경오리 요리가 어떻게 나오나요?

웨 이 터 고객님 앞에서 오리껍질을 잘라 파, 오이, 해선장소스를 넣고 드시는 요리입니다.

고 객 제비집이 무엇입니까?

웨 이 터 타이, 인도네시아 등 남방의 바다에 면한 절벽이나 해변가 바위동굴에서 바다제비가 해초 등으로 타액을 발라가며 만든 둥지로 만든 음식입니다.

고 객 활어인가요?

웨 이 터 예. 저희는 살아있는 생선만 사용합니다. 일주일에 한 번 완도에서 직접 생선을 사가지고 오기 때문에 신선한 생선을 맛보실 수 있습니다.

고 객 생선에 어떤 소스가 어울릴까요?

웨 이 터 간장과 대파, 생강을 넣어 만든 소스가 잘 어울립니다. 흰밥에 소스를 곁들여 드시면 맛이 아주 좋습니다.

고 객 전채요리로는 어떤 것을 추천해 주시겠어요?

웨 이 터 해파리, 새우, 관자, 오리알을 곁들인 팔선 모듬 전채요리를 추천해 드리겠습니다.

고 객 향초구(바나나튀김)가 무엇입니까?

웨 이 터 바나나를 튀겨 꿀과 함께 단맛을 낸 디저트입니다.

Recommendation for Menu

(메뉴 설명)

G What is Dim Sum?

W It's Chinese dumpling. Dim Sum means "relieving hunger." Mix soy sauce, vinegar and red pepper oil, and dip your Dim Sum in it.

G What do you serve for Peking Duck?

W It's a duck dish. We cut the duck open in front of you, and add green onions, cucumbers and hoi sin sauce in it.

G What is Bird's nest soup?

W It's a dish made of swallow's nests, harvested from cliffs or rock caves near the ocean in Thailand and Indonesia.

G Is the fish alive?

W Yes, we only use live fish. We receive shipments from Wando Island once a week.

G What kind of sauce is good with fish?

W The soy sauce mixed with green onions and ginger goes well with fish. It also tastes good with white rice and the sauce.

G Which appetizer would you recommend?

W I recommend the Palsun assorted appetizer. It comes with jelly fish, shrimp, scallops and duck eggs.

G What's Hyang Cho Gu?

W It's a sweet dessert, sir. Fried banana is served with honey.

Key Words & Point Expressions

Is the fish alive?
활어인가요?

Grammer

어디에 무엇이 있는지 말하기

〈장소〉 주제와 관련하여 '당신의 학교에 대해 묘사해 주세요.' 라는 문제에 답할 때, '저희 학교에는 도서관이 있어요.'라고 답할 수 있어요. 이를 영어로 표현하면 다음과 같아요.

There is a library in my University.

'~이(가) 있다'를 표현할 때는 위의 예문처럼 [There+be동사+명사]의 형태로 말해요. 이 때 명사가 단수이면 There is를, 복수이면 There are를 써요. 특히 복수명사 앞에서는 There is를 사용하지 않도록 주의합니다.

There is a library on the campus.

단수명사

There are three cafeterias on the campus.

복수명사

→ 복수명사 앞에서는 There are를 사용해야 해요.

문장 말해보기

1. 저희 집 거실에는 에어컨이 있습니다.

There is a air conditioner in my living room.

My sentence ______________________

____

2. 학교에는 많은 벤치가 있습니다.

There are many benches on the campus.

My sentence ______________________

____

Quiz

괄호 안의 표현을 사용하여 다음의 우리말 문장을 영어로 말해 보세요.

1. 학교에는 서점이 있습니다. **(a bookstore)**

---

on the campus.

2. 저희 동네에는 많은 빌딩들이 있습니다. **(many buildings)**

---

in my neighborhood.

3. 제 방에는 책들과 옷들이 많이 있습니다. **(many books and clothes)**

---

in my room.

4. 서울에는 관광명소들이 많습니다. **(a lot of tourist attractions)**

---

in Seoul.

Practice Point

1. *G* : Can you (   ) something?

식사를 추천해 주시겠어요?

W : Do you have a preference or foods that you don't like?

특별히 좋아하시거나 싫어하시는 요리가 있습니까?

2. *G* : (   ) is Hyang Cho Gu?

향초구(바나나튀김)가 무엇입니까?

W : It's a sweet dessert, sir. Fried banana is served with honey.

바나나를 튀겨 꿀과 함께 단맛을 낸 디저트입니다.

CHAPTER

07

Restaurant Check Out Service

- Conversation & Point
- Grammer & Quiz
- Practice Point

01 Conversation

Cashier 직원 **Guest** 고객

직 원 즐거운 시간 되셨습니까? 계산해 드리겠습니다. 오늘 뷔페 두 분 드시고 와인 한 병 드셔서 316,960원입니다. 고객님, 혹시 할인카드 또는 저희 한국호텔 멤버십카드를 가지고 계십니까?

고 객 없습니다.

직 원 예, 알겠습니다. 그럼 발레파킹 영수증이나 주차권은 가지고 계십니까?

고 객 주차권은 있어요.

직 원 예, 주차권은 제가 도장을 찍어드리겠습니다. 여기 있습니다. 계산은 현금으로 하시겠습니까, 카드로 하시겠습니까?

고 객 현금으로 하겠습니다.

직 원 40만원 받았습니다. 영수증과 거스름돈 3,040원입니다.

고 객 거스름돈은 됐습니다.

직 원 감사합니다만, 식사금액에 서비스금액이 이미 포함되었기 때문에 별도의 팁은 받지 않습니다. 감사합니다.

고 객 그런가요? 알겠습니다.

직 원 감사합니다. 좋은 하루되시기 바랍니다.

Paying in Cash

(현금 계산)

C Was everything satisfactory? Two buffets and a bottle of wine come out to 316,960 won. Do you have a discount card? Or the membership card for this hotel?

G No.

C I see. Do you have a valet parking receipt or a parking ticket?

G I have a parking ticket.

C I will validate it for you. Here you go.
Would you like to pay in cash or credit card?

G I will pay in cash.

C Thank you. You gave me 400,000 won.
Here is your receipt and your change of 3,040 won.

G Keep the change.

C Thank you, but the service charge is included in your bill. You don't need to provide tips separately.

G Really? Well, thank you.

C Thank you. Have a good day.

Key Words & Point Expressions

I will pay in cash.
현금으로 하겠습니다.

02 Conversation

Cashier 직원 **Guest** 고객

고 객 여기 계산해 주세요.

직 원 예, 알겠습니다. 고객님! 주스와 샌드위치를 드셨습니다. 가격은 4만5천원입니다.

고 객 달러로 계산이 가능한가요?

직 원 예, 가능합니다. 잠시만 기다려 주십시오. (환율을 확인한 후) 오래 기다리셨습니다. 45달러입니다.

고 객 여기 50달러 있어요.

직 원 예, 고객님! 잔돈 5,000원입니다.

고 객 잔돈을 달러로 받을 수 있을까요?

직 원 예, 저희는 잔돈을 한국 돈으로 준비해 드리고 있습니다. 고객님, 계산은 룸 사인이나 카드로도 가능합니다. 변경해 드릴까요?

고 객 아뇨, 괜찮습니다.

직 원 감사합니다. 좋은 하루 되십시오.

Paying in The US bill

(달러 계산)

G Check, please.

C Here you go. Juice and sandwich come out to 45,000 won, please.

G Do you take dollars?

C Yes, we do. Wait just a moment, please. Thank you for waiting.
It comes out to 45 dollars.

G Here's 50 dollars.

C Thank you. Here's your change, 5,000 won.

G Can I get the change in dollars?

C I'm sorry, but we give change in Korean won only. You can incorporate this bill into your room charge. Or you can also pay with a credit card. Would you like to change the payment method?

G No, that's fine.

C Thank you. Have a good day.

Key Words & Point Expressions

Do you take dollars?
달러로 계산이 가능한가요?

03 Conversation

Cashier 직원 **Guest** 고객

고 객 계산하려고 하는데요?

직 원 예, 현재 투숙하고 계신다면 계산을 룸 사인으로 하실 수도 있고, 이곳에서 직접 계산하실 수도 있습니다.

고 객 카드를 사용하겠습니다.

직 원 사골우거지국으로 두 분 드셔서 67,340원입니다. 계산해 드리겠습니다. 서명 부탁합니다. 카드와 영수증 여기 있습니다. 감사합니다. 좋은 하루 되십시오.

고 객 감사합니다.

Paying by Credit Card

(신용카드 계산)

G Can I pay now?

C Yes, if you're staying at hotel, you could incorporate the bill into your room charge. Or you could pay right now.

G I'll pay with my credit card.

C Two Beef bone soups come out to 67,340 won. Your signature, please. Here's your card and the receipt. Thank you. Have a good day.

G Thank you.

Key Words & Point Expressions

I'll pay with my credit card.
카드를 사용하겠습니다.

04 Conversation

Cashier 직원 **Guest** 고객

고 객 여기요. 계산서 좀 주세요.
직 원 예, 준비해 드리겠습니다.

고 객 제가 15% 할인 가능한 것으로 알고 있는데, 확인해 주시겠어요?
직 원 혹시 VIP 등급입니까?

고 객 정확하게는 모르겠지만, 그런 것으로 알고 있는데요.
직 원 지금 카드를 가지고 계시면 바로 확인해 드리겠습니다. 아니면 방 번호를 말씀해 주셔도 가능합니다.

고 객 카드를 보여드릴게요.
직 원 예, VIP 등급 맞습니다. 제가 15% 할인하여 영수증을 다시 보여드리겠습니다.

고 객 감사합니다.

VIP Discount

(VIP 카드할인)

G Excuse me. Check please.

C Yes, I'll be right there.

G I believe I can get a 15% discount. Can you check?

C Do you have VIP level?

G I'm not sure but I think I do.

C If you have the card now, I can check it for you. Or if you could give me your room number, I can also check.

G I'll show you my card.

C Oh, you are the VIP level. I'll bring you a new receipt with a 15% discount.

G Thank you.

Key Words & Point Expressions

Excuse me. Check please.
여기요. 계산서 좀 주세요.

05 Conversation

Cashier 직원 **Guest** 고객

고 객 계산하려고 하는데요?

직 원 예, 현재 투숙하고 계신다면 계산을 룸 사인으로 하실 수도 있고, 이곳에서 직접 계산하실 수도 있습니다.

고 객 룸으로 사인하겠습니다.

직 원 방 번호와 성함, 서명 부탁합니다.

(확인 후)

직 원 실례하겠습니다. 현재 투숙하시는 방이 1927호, 그린 님이십니까?

고 객 예, 맞는데요.

직 원 죄송합니다만, 현재 1927호는 다른 분 성함으로 체크인 되어 있습니다. 방 번호를 다시 한 번 확인해 주시겠습니까?

고 객 (키를 꺼내며) 아, 1912호네요. 미안합니다.

직 원 아닙니다. 확인해 주셔서 감사합니다.

Room Charge

(룸 차지로 계산할 때)

G Can I pay now?

C Yes, if you're staying at this hotel, you could incorporate the bill into your room charge. Or you could pay right now.

G I'd like to put this on my room bill.

C Your room number, name and signature, please.

(After check)

C Excuse me. But are you Mr, Green at Room 1927?

G Yes.

C I'm sorry but Room 1927 has been checked in under a different name. Could you please check your room number again?

G (Take out the card) Oh, it's 1912. I'm sorry.

C No problem, sir. Thank you for checking.

Key Words & Point Expressions

Can I pay now?
계산하려고 하는데요?

06 Conversation

Cashier 직원 **Guest** 고객

고 객 여기 계산해 주세요.

직 원 예, 알겠습니다, 고객님. 계산서 여기 있습니다.

고 객 이 계산서를 개인별로 나누어서 주세요.

직 원 알겠습니다. 고객님, 개인별로 나누어서 다시 가지고 오겠습니다. (계산서를 확인한 후) 오래 기다리셨습니다. 계산서입니다. 계산은 룸 사인이나 현금, 카드 모두 가능합니다.

고 객 룸 사인으로 할게요. 영수증을 받을 수 있을까요?

직 원 예, 영수증은 체크아웃 하실 때 확인 가능하지만 지금 준비해 드리겠습니다.

고 객 예.

직 원 여기 영수증입니다. 감사합니다. 좋은 하루 되십시오.

Split the Bill

(개인별로 계산서를 달라고 하실 때)

G Check, please.

C Yes, sir. Here we go.

G We'd like to split the bill, please.

C I see, sir. I'll be right back with individual bills. Thank you for waiting. Here are your bills. You could incorporate the bill into your room charge, or you could pay in cash or by credit card, please.

G I'm going to put this on my room bill. Can I get a receipt?

C You could get a receipt when you check out but I can get one for you now.

G Yes, please.

C Here's your receipt, sir. Thank you. Have a good day.

Key Words & Point Expressions

We'd like to split the bill, please.
이 계산서를 개인별로 나누어서 주세요.

07 Conversation

Cashier 직원　**Guest** 고객

직　원　계산하시겠습니까?
고　객　예, 그런데 아직 체크인 이전이어서 방 번호를 모르는데요.

직　원　아, 성함을 적어주시면 이후에 제가 프런트에 확인하여 방으로 계산하겠습니다.
고　객　그렇게 해 주시겠습니까? 고맙습니다.

08 Conversation

Cashier 직원　**Guest** 고객

고　객　룸으로 사인해도 될까요?
직　원　방 번호와 성함, 서명 부탁드리겠습니다.

고　객　(서명 후) 지금 바로 체크아웃 할 예정인데 빨리 해 주시겠어요?
직　원　예, 바로 확인해 드리겠습니다. 감사합니다.

Guest for Before Check in

(체크인 이전)

C Did you want to pay the bill?

G Yes, but I haven't checked in yet, so I don't have a room.

C Oh, if you could write down your name, I'll check with the Front Desk later and include this bill with your room charge.

G Will you do that? Thank you.

Key Words & Point Expressions

Did you want to pay the bill?
계산하시겠습니까?

Busy Guest

(체크아웃 예정)

G Can I put this on my room charge?

C Your room number, name and signature, please.

G I'm checking out right now. Can you hurry?

C Yes, this will take just a moment. Thank you.

Key Words & Point Expressions

Can I put this on my room charge?
룸으로 사인해도 될까요?

09 Conversation

Cashier 직원 **Guest** 고객

고 객 룸으로 사인해도 될까요?

직 원 방 번호와 성함, 서명 부탁합니다.

(확인 후)

직 원 실례하겠습니다. 혹시 체크아웃을 하셨습니까?

고 객 예, 방금했습니다.

직 원 죄송합니다만, 체크아웃을 하신 경우에는 이곳에서 직접 계산을 해 주셔야 합니다.

고 객 그런가요?

직 원 예, 현금이나 카드 모두 사용 가능합니다.(기타 계산과 동일)

Guest for After Check out

(체크아웃 이후)

G Can I put this on my room charge?

C Your room number, name and signature, please.

(After check)

C Excuse me but have you checked out?

G Yes, just now.

C I'm sorry but you'd have to pay this bill here, if you have already checked out.

G Is that right?

C Yes, with cash or credit card.

Key Words & Point Expressions

Your room number, name and signature, please.
방 번호와 성함, 서명 부탁합니다.

10 Conversation

Cashier 직원 **Guest** 고객

직 원 죄송하지만, 혹시 다른 카드를 가지고 계신지요?
고 객 왜 그러죠?

직 원1 죄송하지만, 카드에 이상이 있는 것 같습니다. 다른 카드로 계산을 해 드릴까요?

직 원2 이 카드는 유효기간이 지난 것 같습니다. 다른 카드로 계산을 해 드릴까요?

Dealing with Wrong Credit Card

(카드계산이 안 되는 경우)

C I'm sorry but do you have a different card, sir?

G Why?

C1 There seems to be a problem with the card.
Would you like to use a different card?

C2 This card seems to have expired.
Would you like to use a different card?

Key Words & Point Expressions

This card seems to have expired.
이 카드는 유효기간이 지난 것 같습니다.

11 Conversation

Cashier 직원 **Guest** 고객

직 원 실례하겠습니다. 죄송합니다만, 아직 계산이 되지 않았습니다.
고 객 아, 방값과 함께 계산하려고 하는데요.

직 원 예, 영수증에 방 번호와 성함을 적어주시면 이후에 체크아웃 하실 때 함께 계산하실 수 있습니다.
고 객 아, 미안합니다.

직 원 아닙니다. 즐거운 하루되시기 바랍니다.

Skipper
(스키퍼 발생)

C Excuse me, but the payment has not been received yet.
G Oh, I want to pay the bill with my room charge.

C You'd need to write down your room number and name on the receipt so you could pay this bill when you check out.
G Oh, I'm sorry.

C No problem. Have a good day.

Key Words & Point Expressions

I want to pay the bill with my room charge.
방값과 함께 계산하려고 하는데요.

Grammer

it로 긴 주어 짧게 말하기

<요리하기> 주제와 관련하여 '그 음식을 요리하기 좋아하는 이유가 무엇인가요?'라는 문제에 답할 때, '재료를 구하는 것이 쉽습니다.'라고 답할 수 있어요. 이를 영어로 표현하면 다음과 같아요.

It is easy to get the ingredients.

'재료를 구하는 것이'와 같이 주어의 길이가 길 때는 위의 예문처럼 주어를 맨 뒤로 보내고, 대신 주어 자리에 it을 넣어 말해요. 길이가 긴 주어로는 위 예문의 to get ~처럼 [to+동사원형] 형태가 자주 사용됩니다.

It is easy to get the ingredients.
it　　　　to+동사원형

문장 말해보기

1. 그들과 축구하는 것은 재미있습니다.
   It is fun to play soccer with them.
   My sentence ________________________________

2. 매일 운동하는 것은 중요합니다.
   It is important to exercise everyday.
   My sentence ________________________________

Quiz

괄호 안의 표현을 사용하여 다음의 우리말 문장을 영어로 말해 보세요.

1. 저희 사무실은 조용해서, 휴식시간에 휴식을 취하기가 쉽습니다. **(easy, rest)**

My office is quiet, so ______________________________

during my coffee break.

2. 사원들을 위한 오리엔테이션 세미나를 하는 것은 제 업무입니다.

(my job, conduct orientation seminars)

____

for employees.

3. 부상을 막기 위해서는 알맞은 종류의 신발을 신는 것이 중요합니다.

(important, wear)

____

____

4. 우리가 일을 할 때는 함께 시간을 보내는 것이 어렵습니다.

(difficult, spend time together)

____

when we are working.

Practice Point

1. *C* : I will validate it for you. Here you go.

   (　　　　　) you like to pay in cash or credit card?

   예, 주차권은 제가 도장을 찍어드리겠습니다. 여기 있습니다.

   계산은 현금으로 하시겠습니까, 카드로 하시겠습니까?

   G : I will pay in cash.

   현금으로 하겠습니다.

2. *G* : (　　　　　) I pay now?

   계산하려고 하는데요?

   C : Yes, if you're staying at this hotel, you could incorporate the bill into your room charge or you could pay right now.

   예, 현재 투숙하고 계신다면 계산을 룸 사인으로 하실 수도 있고, 이곳에서 직접 계산하실 수도 있습니다.

3. *C* : Yes, sir. Here we go.

   예, 알겠습니다. 고객님, 계산서 여기 있습니다.

   G : We'd like to (　　　　　) the bill, please.

   이 계산서를 개인별로 나누어서 주세요.

P A R T III

식음료서비스 부문 II

Food & Beverage Service II

Hotel
Restaurant
Service
English

CHAPTER

08

Complaints Handling Service

- Conversation & Point
- Grammer & Quiz
- Practice Point

01 Conversation

Waiter 웨이터 **Guest** 고객

고 객 여기요.

웨 이 터 예, 고객님 무엇을 도와드릴까요?

고 객 스테이크를 주문할 때 중간 정도 익혀달라고 했는데 너무 안 익혀졌어요.

웨 이 터 그렇습니까? 죄송합니다. 지금 즉시 스테이크를 더 익혀드리겠습니다. 조금만 기다려주시면 최대한 빨리 준비해 드리겠습니다. 식사 중에 이런 불편을 드려 대단히 죄송합니다.

고 객 아닙니다. 그럴 수도 있지요.

(잠시 후)

웨 이 터 고객님, 여기 스테이크가 나왔습니다. 기다리시게 해서 죄송합니다. 한 번 드셔 보시겠습니까?

고 객 예, 음… 좋군요.

웨 이 터 식사 중에 불편을 드려 죄송합니다. 혹시 더 필요한 것은 없습니까?

고 객 아니, 없습니다.

웨 이 터 알겠습니다. 그럼 맛있게 드십시오.

Steak Complaint

(식사 중 스테이크가 덜 익혀졌을 때)

G Excuse me.

W Yes, sir.

G I ordered medium, but it's not cooked enough.

W I am sorry, sir. I will take the steak to our chef right away. Please wait just a moment. I apologize for the inconvenience, Mr. Green.

G That's OK.

(After a few minutes)

W Sir, here's your steak. Thank you for your patience.
Would you like to try?

G Sure... OK, this is good.

W I am sorry for the inconvenience. Is there anything else you need?

G No.

W Thank you. Enjoy your meal.

Key Words & Point Expressions

Thank you for your patience.
기다리시게 해서 죄송합니다.

Enjoy your meal.
그럼 맛있게 드십시오.

02 Conversation

Waiter 웨이터 **Guest** 고객

고 객 이봐요. 20분 전에 주문했는데 아직 음식이 안 나왔어요. 왜 이렇게 오래 걸리나요?

웨 이 터 대단히 죄송합니다. 주방에 확인해 보겠습니다. (알아본 후) 고객님께서 주문하신 요리는 25분 이상 소요되는 요리인지라 아직 준비가 안 되었고, 주문받을 때 사전에 고객에게 조리시간을 말씀드렸어야 했는데 그러지 못해 정말 죄송합니다. 요리가 준비되는 대로 빨리 갖다드리겠습니다.

고 객 알았어요.

웨 이 터 대단히 죄송합니다.

Late Delivery

(식사가 늦게 서비스되는 경우)

G Excuse me. I ordered my food 20 minutes ago. What's taking so long?

W I'm sorry, sir. Let me go check with the kitchen. Sir, you ordered a food that takes more than 25 minutes to cook, so it's not completely ready yet. I should have told you how long it would take, when you ordered the meal.
I apologize, I'll be right back with your food, sir.

G OK.

W My apologies, sir.

Key Words & Point Expressions

My apologies, sir.
대단히 죄송합니다.

03 Conversation

Waiter 웨이터 **Guest** 고객

고　　객 여기요, 제가 주문한 것은 클럽 샌드위치인데, 이것은 콥 샐러드가 아닌가요?

웨 이 터 정말 죄송합니다. 저희 직원의 실수로 주문을 잘못 넣은 것 같습니다. 10분만 기다려 주시면 클럽 샌드위치로 다시 준비해 드리겠습니다.

웨 이 터 기다려 주셔서 감사합니다. 클럽 샌드위치 올려 드리겠습니다. 더 필요하신 것은 없습니까?

04 Conversation

Waiter 웨이터 **Guest** 고객

고　　객 여기요, 제가 커피 달라고 이야기를 세 번이나 했는데, 왜 아직도 커피를 가져오지 않는 건가요?

웨 이 터 정말 죄송합니다. 제가 바로 준비해 드리겠습니다. 커피 올려 드리겠습니다. 오래 기다리시게 해드려 정말 죄송합니다. 커피 리필은 제가 미리 확인하여 준비해 드리겠습니다. 더 필요하신 것은 없습니까?

Wrong Order

(주문한 음식이 다르게 나온 경우)

G Excuse me, I ordered a Club sandwich. Isn't this a Cobb salad?

W Oh, I'm so sorry. I think the order has been registered wrong.
If you could wait for 10 minutes, I'll get you a Club Sandwich.

W Thank you for your patience. Here is your Club Sandwich.
Anything else you need?

Key Words & Point Expressions

Anything else you need?
더 필요하신 것은 없습니까?

Complaint on Waiter

(주문한 내용을 직원이 잊은 경우)

G Excuse me, I asked for coffee three times. Where is my coffee?

W I'm so sorry. I'll be right back. Here is some coffee. I apologize for keeping you waiting. I'll check and prepare refills.
Is there anything else you need?

Key Words & Point Expressions

I'll be right back.
제가 바로 준비해 드리겠습니다.

I'll check and prepare refills.
커피 리필은 제가 미리 확인하여 준비해 드리겠습니다.

05 Conversation

Waiter 웨이터 **Guest** 고객 **Manager** 매니저

고 객 여기요.

웨 이 터 예, 고객님. 무엇을 도와드릴까요?

고 객 여기 음식에 머리카락이 들어있어요.

웨 이 터 고객님, 대단히 죄송합니다. 제가 즉시 다시 음식을 준비해 드리겠습니다. 조금만 기다려 주시면 최대한 빨리 음식을 준비하겠습니다.

고 객 그래요.

(직원은 음식을 주방에 확인해 주고, 즉시 지배인에게 보고한다.)

매 니 저 고객님, 제가 이 레스토랑의 지배인입니다. 고객님의 음식에 머리카락이 들어 있었다고 들었습니다. 진심으로 사과드리겠습니다. 조금만 기다려 주시면 음식은 바로 다시 준비해 드리겠습니다. 그리고 식사 중에 불편한 것이 있으시면 언제든지 저희 직원을 불러 주십시오. 그럼 즉시 오겠습니다.

고 객 알겠어요.

매 니 저 그럼 즐거운 시간 되십시오.

Complaint on Meal

(음식에서 이물질이 나온 경우)

G Excuse me.
W Yes, sir.

G There is a strand of hair in my food.
W Oh, I am so sorry, sir. Let me take your plate.
Our chef will prepare your dish again.

G OK.

(After check)

M Sir, I am the manager of this restaurant. I heard you found a strand of hair in your food. I sincerely apologize. If you could wait just a moment, our chef will cook your food right away. If you need anything else, please let your server know, and I'll be with you right away.
G All right.

M Enjoy your meal, sir.

Key Words & Point Expressions

Enjoy your meal, sir.
그럼 즐거운 시간 되십시오.

06 Conversation

Waiter 웨이터 **Guest** 고객

웨 이 터 대단히 죄송합니다. 제가 바로 갈아입을 옷을 준비해 드리니, 잠시만 기다려 주세요.

고 객 에이, 빨리 조치해 주세요.

웨 이 터 여기 있습니다. 그리고 젖은 옷은 제가 지금 즉시 세탁을 해 드리겠습니다.

고 객 그래요. 그렇게 해 주세요.

웨 이 터 불편을 끼쳐 드려 다시 한 번 사과드립니다.

고 객 알겠습니다.

Complaint on Service

(음료, 음식이 고객의 옷에 묻었을 때)

W I am terribly sorry. I will get you a change of clothes.
Just a moment, please.

G Gees, please hurry.

W Here you are. Let me get the wet clothes cleaned right away.

G OK, please.

W I apologize again for the inconvenience.

G OK. Fine.

Key Words & Point Expressions

I apologize again for the inconvenience.
불편을 끼쳐드려 다시 한 번 사과드립니다.

Grammer

시간 표현하기

<조깅하기> 주제와 관련하여 '당신은 언제 조깅을 하나요?'라는 문제에 답할 때, '저는 주말마다 조깅을 합니다.'라고 답할 수 있어요. 이를 영어로 표현하면 다음과 같아요.

I go jogging on weekends.

'~(때)에' 또는 '(언제)까지' 등의 시간을 표현할 때는 위의 예문처럼 전치사를 사용해서 말해요. 시간을 나타내는 전치사에는 at, on, in. during, for 등이 있고, 아래와 같이 사용됩니다.

at(~에) at → 6 o'clock (6시 정각에)
on(~에) → on Saturday (토요일에)
in(~에) → in 1984 (1984년에)
during(~동안) → during the holidays (휴가 동안)

TIP_ during과 for는 모두 '~ 동안'으로 해석되지만, during은 휴가나 방학과 같은 특정기간을 나타내는 표현 앞에, for는 며칠이나 몇 년과 같은 기간을 나타내는 숫자 앞에 옵니다.

문장 말해보기

1. 밤에, 저는 에어컨을 틀어야 합니다.
   At night, I have to turn on the air conditioner.
   My sentence ______________________

2. 저희 회사는 1984년에 설립되었습니다.
   My company was established in 1984.
   My sentence ______________________

Quiz

괄호 안의 표현을 사용하여 색칠 부분의 우리말을 영어로 바꾸어 문장을 말해 보세요.

1. 저는 미래에 호텔에서 일하고 싶습니다. **(the future)**

I want to work for a hotel ______________________________

____

2. 저는 글로벌 호텔에서 3년 동안 근무했습니다. **(three years)**

I have worked at Global Hotel ______________________________

____

3. 저는 일요일 오후마다 볶음밥을 요리하는 것을 좋아합니다. **(Sunday afternoon)**

I like to make fried rice ______________________________

____

4. 그는 여행하는 동안 사진을 많이 찍었습니다. **(the trip)**

He took a lot of pictures ______________________________

____

Practice Point

1. *G* : I ordered medium, but it's not cooked enough.

스테이크를 주문할 때 중간 정도 익혀달라고 했는데, 너무 안 익혀졌어요.

W : I am (   ), sir. I will take the steak to our chef right away. Please wait just a moment. I apologize for the inconvenience, Mr. Green.

그렇습니까? 죄송합니다. 지금 즉시 스테이크를 더 익혀 드리겠습니다. 조금만 기다려 주시면 최대한 빨리 준비해 드리겠습니다. 식사 중에 이런 불편을 드려 대단히 죄송합니다.

2. *G* : Excuse me, I asked for coffee three times. Where is my coffee?

여기요, 제가 커피 달라고 이야기를 세 번이나 했는데, 왜 아직도 커피를 가져오지 않는 건가요?

W : I'm so sorry. I'll be right back. Here is some coffee. I (   ) for keeping you waiting. I'll check and prepare refills. Is there anything else you need?

정말 죄송합니다. 제가 바로 준비해 드리겠습니다. 커피 올려 드리겠습니다. 오래 기다리시게 해 드려 정말 죄송합니다. 커피 리필은 제가 미리 확인하여 준비해 드리겠습니다. 더 필요하신 것은 없습니까?

CHAPTER
09

Lost & Found Service

- Conversation & Point
- Grammer & Quiz
- Practice Point

01 Conversation

Manager 매니저 **Guest** 고객

매 니 저 실례하겠습니다.
고 객 예?

매 니 저 방 열쇠를 두고 가셨습니다.
고 객 아, 감사합니다.

매 니 저 감사합니다. 좋은 하루되시기 바랍니다.

02 Conversation

Manager 매니저 **Guest** 고객

고 객 서비스가 아주 좋아서 직원에게 성의 표시를 하고 싶은데요.
매 니 저 감사합니다만, 저희는 '노 팁' 정책을 취하고 있고, 고객님의 계산서에 봉사료 10%가 이미 포함되어 있습니다.

Lost Property

(분실물)

M Excuse me.

G Yes?

M You left your room key.

G Oh, thank you.

M You're welcome. Have a good day.

Key Words & Point Expressions

You left your room key.
방 열쇠를 두고 가셨습니다.

No Tip

(노 팁)

G I was happy with your service. This is a token of my appreciation.

M Thank you, but we have a "No Tip" policy. A service fee of 10% has already been added to your total bill.
Thank you.

Key Words & Point Expressions

If there are some seats left.
자리가 남아있다면요.

Grammer

할 수 있는 일 말하기

<집에서 보내는 휴가> 주제와 관련하여 '휴가 기간에 집에 있는 것을 좋아하는 이유가 무엇인가요?'라는 문제에 답할 때, '저는 집에서 쉴 수 있습니다.'라고 답할 수 있어요. 이를 영어로 표현하면 다음과 같아요.

I can relax at home

'~할 수 있다.'와 같이 어떤 일을 할 수 있는 능력이나 어떤 일이 일어날 가능성을 표현할 때는 위의 예문처럼 'can+동사원형'을 사용해 말해요. 과거에 대해 말할 때에는 can 대신 could를 사용합니다.

I can relax at home.
can+동사원형

I could relax at home last weekend.
could+ 동사원형

문장 말해보기

1. 저는 제 방에서 쉽게 집중할 수 있습니다.
I can concentrate easily in my room.
My sentence ______________________

____

2. 한 주는, 저는 집안일을 할 수 없었습니다.
One week, I couldn't do my chores.
My sentence ______________________

____

Quiz

괄호 안의 표현을 사용하여 색칠 부분의 우리말을 영어로 바꾸어 문장을 말해 보세요.

1. 그는 다양한 캐릭터를 **연기할 수 있습니다.** (play)

He ______________________________ many different characters.

2. 제 집은 매우 넓어서 집 안에 많은 것을 **들여놓을 수 있습니다.** (keep)

My home is very large, so I ______________________________

many things in it.

3. 저는 제가 만날 사람들과 **연락할 수 있도록** 휴대전화를 챙깁니다. (contact)

I pack a smart phone so that I ______________________________

the people I will meet.

4. 저는 호텔 직원에게 제 항공편 일정을 **변경해 줄 수 있는지** 물어보았습니다. (change)

I asked hotel concierge if they ______________________________

my flight.

Practice Point

1. *M* : You (   ) your room key.

방 열쇠를 두고 가셨습니다.

G : Oh, thank you.

아, 감사합니다.

2. *G* : I was happy with your service. This is a token of my appreciation.

서비스가 아주 좋아서 직원에게 성의 표시를 하고 싶은데요.

M : Thank you, but we have a "No Tip" (   ). A service fee of 10% has already been added to your total bill. Thank you.

감사합니다만, 저희는 '노 팁' 정책을 취하고 있고, 고객님의 계산서에 봉사료 10%가 이미 포함되어 있습니다.

CHAPTER 10

Room Service

- Conversation & Point
- Grammer & Quiz
- Practice Point

01 Conversation

Housekeeping 직원 **Guest** 고객

직 원 룸서비스입니다. 무엇을 도와드릴까요?
고 객 내일 아침을 주문하고 싶습니다.

직 원 네, 고객님. 고객님 이름과 방번호를 알려주십시오.
고 객 네, 플랜트, 밥 플랜트입니다. 제 방번호는 1718호입니다.

직 원 죄송합니다, 밥 플랜트 고객님.
고 객 괜찮습니다.

직 원 몇 시에 아침식사 하기를 원하십니까?
고 객 7시로 부탁합니다.

직 원 7018호 밥 플랜트 고객님께 7시에 아침식사 맞습니까?
고 객 아뇨, 제 방번호는 1718호입니다.

What time would you like to have your breakfast?

(룸서비스 조식 주문)

H This is room service, may I help you?

G Yes, I'd like to order breakfast for tomorrow morning.

H Certainly. May I have your name and your room number, please?

G Sure, Plant, Bob Plant and my room number is seventeen eighteen.

H I'm sorry, Mr. Bob Plant.

G That's right.

H What time would you like to have your breakfast?

G At seven, please.

H Yes, breakfast at seven o'clock for Mr. Bob Plant, room number seventy eighteen?

G No, room number one-seven-one-eight!

Key Words & Point Expressions

Order breakfast
조식을 주문하다.

Room number
객실번호

02 Conversation

Room service 직원 **Guest** 고객

직　원 주문을 받겠습니다, 고객님.

고　객 네, 저는 미국식 식사를 먹겠습니다. 오렌지주스 한 잔, 스크램블 에그, 베이컨, 토스트 두 조각, 디카페인 커피가 있다면 그걸로 주세요.

직　원 네, 주문하신 내용을 확인해 드리겠습니다. 오렌지주스 한 잔, 스크램블 에그, 베이컨, 토스트 두 조각, 디카페인 커피 맞습니까?

고　객 네, 맞습니다.

May I repeat the order?

(룸서비스 조식 재확인)

R Your order, please.

G Yes, I'd like to have an American breakfast. I'd like to have a glass of orange juice, scrambled eggs with bacon, two pieces of toast and decaffeinated coffee, if you have it.

R Yes, sir. May I repeat the order? A glass of orange juice, scrambled eggs with bacon, two pieces of toast and decaffeinated coffee, is that correct?

G Yes, correct.

Key Words & Point Expressions

American Breakfast
미국식 조식

May I repeat the order?
주문하신 내용을 확인해 드리겠습니다.

03 Conversation

Housekeeping 직원 **Guest** 고객

직 원 (노크를 한다) 룸서비스입니다.

고 객 누구세요?

직 원 룸서비스입니다. 기다려 주셔서 감사합니다. 아침식사입니다.

고 객 (문을 열며) 들어오세요.

직 원 감사합니다, 고객님. 어디에 놓아드릴까요?

고 객 침대 옆에 놔 주세요.

직 원 네, 고객님. 애플주스, 스크램블 애그, 베이컨 크라상, 그리고 커피 맞습니까?

고 객 네, 맞습니다.

직 원 감사합니다.

Thank you for waiting, your breakfast is ready.

(룸서비스 조식서비스)

H (Knock on the door) This is room service.
G Who is it?

H This is room service. Thank you for waiting, your breakfast is ready.
G (Open the door) Come in.

H Thank you, madam. Where would you like your breakfast?
G Here, by the bed, please.

H Certainly, a glass of apple juice, scrambled eggs with bacon, croissant and coffee, is this correct?
G Yes, perfect.

H Thank you very much.

Key Words & Point Expressions

Madam
결혼한 여성의 존칭
Breakfast is ready.
아침식사입니다.

04 Conversation

Housekeeping 직원 **Guest** 고객

직 원 서명 부탁드립니다.

고 객 네, 여기 있습니다.

직 원 감사합니다. 계산서입니다. 즐거운 식사 되십시오.

고 객 감사합니다. 식사가 끝나면 룸서비스로 전화해서 그릇을 치워달라고 해야 합니까?

직 원 아뇨, 고객님. 문 밖에 두시면 됩니다.

고 객 오, 그래요. 그렇게 하죠.

직 원 대단히 감사합니다. 좋은 하루 되십시오.

고 객 감사합니다. 그러죠, 그쪽도 좋은 하루 되세요.

직 원 대단히 감사합니다.

What time would you like to have your breakfast?

(룸서비스 조식 주문서비스)

H May I have your signature on the bill?

G Sure. Here you are.

H Thank you very much. And this is your copy. Enjoy your breakfast.

G Thank you. Oh, when it's finished, should I call room service again, for picking up the dishes?

H No, madam, just leave them outside the door, please.

G Oh, that's easy. I'll do so.

H Thank you very much. Have a nice day.

G Thank you, I'm sure I will. The same to you.

H Thank you very much, madam.

Key Words & Point Expressions

Signature
서명

Leave them outside the door.
문 밖에 두시면 됩니다.

Grammer

장소 표현하기

<자전거 타기> 주제와 관련하여 '당신은 어디에서 자전거를 타나요?'라는 문제에 답할 때, '저는 주로 공원에서 자전거를 탑니다.'라고 답할 수 있어요. 이를 영어로 표현하면 다음과 같아요.

I usually ride my bike in the park.

'(장소)에' 또는 '~에서' 등의 장소를 표현할 때는 위의 예문처럼 전치사를 사용해서 말해요. 장소를 나타내는 전치사에는 at, on, in 등이 있고, 아래와 같이 사용됩니다.

at(~지점에) → at school (학교에)
on(~위에) → on the subway (지하철에)
in(~안에) → in the room (방 안에)

문장 말해보기

1. 세종대학교는 군자동에 있습니다.
Sejong University is in Gunja.
My sentence ______________________________

____

2. 저는 회사에서 컴퓨터를 사용합니다.
I use a computer at work.
My sentence ______________________________

____

Quiz

괄호 안의 표현을 사용하여 색칠 부분의 우리말을 영어로 바꾸어 문장을 말해 보세요.

1. **학교에는** 많은 건물들이 있습니다. **(the campus)**

   There are many buildings ____________

2. **방 안에는** 침대, 책상, 그리고 의자가 있습니다. **(the room)**

   I have a bed, a desk, and a chair ____________

3. 저희는 주로 **집에서** 함께 저녁식사를 준비합니다. **(home)**

   We usually prepare dinner together ____________

4. 저는 주로 **지하철에서** 음악을 듣습니다. **(the subway)**

   I usually listen to music ____________

Practice Point

1. *C* : This is room service, may I help you?

   룸서비스입니다. 무엇을 도와드릴까요?

   G : Yes, I'd like to (   ) breakfast for tomorrow morning.

   내일 아침을 주문하고 싶습니다.

2. *C* : May I have your signature on the bill?

   서명 부탁드릴까요?

   G : Sure. (   ) you are.

   네, 여기 있습니다.

CHAPTER 11

Frequent Q & A

- Conversation & Point
- Grammer & Quiz
- Practice Point

01 Conversation

Manager 매니저 Guest 고객

고 객 호텔 위치가 어디 있나요?

매 니 저 예, 저희 호텔은 군자동에 있습니다. 지하철 7호선 군자역 1번 출구로 나오시면 됩니다.

고 객 레스토랑 안에 가능한 룸이 있습니까?

매 니 저 예, 여덟 분 들어가시는 (8인용) 룸이 1개, 여섯 분 들어가시는 (6인용) 룸이 2개 있습니다.

고 객 할인이 가능한 카드는 무엇이 있나요?

매 니 저 신용카드로는 골드, 블랙, 퍼플, 플래티넘 카드가 10%씩 할인됩니다.

Telephone Service

(전화 응대 직원용)

G Where is the hotel located?

M We're in Gunja-dong. If you're taking the subway, get off a Gunja station on Line 7 and get out Exit 1.

G Do you have a room available in the restaurant?

M Yes, there is a room for 8 and 2 rooms for 6.

G Do you have discount credit card?

M Yes, you can get a 10% discount if you have a Gold, Black, Purple or Platinum.

Key Words & Point Expressions

Where is the hotel located?
호텔 위치가 어디 있나요?

02 Conversation

Manager 매니저 **Guest** 고객

고 객 어떤 식당이 있나요?

매 니 저 2층에 일식당과 중식당, 32층에 유로피안식당이 있습니다.

고 객 한식당도 있나요?

매 니 저 한식당은 없지만, 뷔페레스토랑에서 몇 가지 한식요리를 준비해 드리고 있습니다.

고 객 식당에서 담배를 피울 수 있나요?

매 니 저 죄송합니다만, 저희 식당은 전 좌석을 금연석으로 운영하고 있습니다. 담배는 로비 바깥쪽으로 나가셔서 피우실 수 있습니다.

Restaurant Service

(입구 응대 직원용)

G What other restaurants are there?

M We have a Japanese restaurant on the 2nd floor and a European restaurant on the 32nd floor.

G Is there a Korean restaurant?

M No, but we at The Buffet Restaurant serve several Korean dishes.

G Can I smoke in the restaurant?

M I'm sorry but it's a non-smoking restaurant. You can smoke outside the lobby.

Key Words & Point Expressions

Can I smoke in the restaurant?
식당에서 담배를 피울 수 있나요?

03 Conversation

Manager 매니저 **Guest** 고객

고 객 와인 리스트가 이것 밖에 없나요?

매 니 저 아닙니다. 저희 호텔 와인 리스트를 가져다 드리겠습니다. 잠시만 기다려 주십시오.

고 객 베지테리언 메뉴는 없나요?

매 니 저 베지테리언 메뉴가 따로 준비된 것은 없지만, 저희 메뉴 중 야채로만 요리된 메뉴들을 추천해 드립니다.

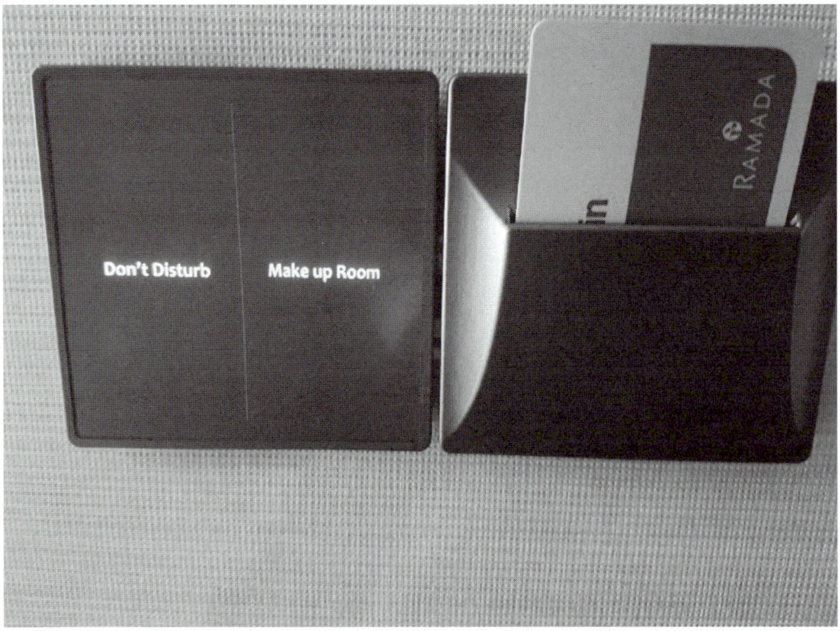

G Are these all the wines you have on this list?
M No, let me bring the hotel's wine list. I'll be right back.

G Do you have a vegetarian menu?
M We don't have a separate vegetarian menu but I can recommend the dishes made only with vegetables.

Key Words & Point Expressions

Do you have a vegetarian menu?
베지테리언 메뉴는 없나요?

Grammer

조동사로 질문하기

<롤 플레이> 문제에서 면접관이 '영화를 예약하기 위해 영화관에 전화해 질문하세요.'라고 할 경우, '내일 아침 표를 예약할 수 있나요?'라고 질문할 수 있어요. 이를 영어로 표현하면 다음과 같아요.

Can I reserve a ticket for tomorrow morning?

의문사 없이 '~할 수 있나요?'와 같이 질문할 때는 위의 예문처럼 [조동사+주어+동사] 형태의 조동사 의문문으로 말해요. 말하기 문법에서 자주 사용되는 조동사 의문문에는 Can/Could I ~?(제가 ~할 수 있나요?), Can/Could you ~?(당신은 ~해주실 수 있나요?), Do you ~/(당신은 ~하나요?) 등이 있어요.

Can you help me register for the class?
Could you help me register for the class?
당신은 제가 그 수업을 등록하도록 도와주실 수 있나요?

문장 말해보기

1. 제가 당신과 약속을 잡을 수 있나요?
Can I make an appointment with you?
My sentence --

2. 그가 내일 시간이 있는지 아시나요?
Do you know if he has time tomorrow?
My sentence --

Quiz

괄호 안의 표현을 사용하여 색칠 부분의 우리말을 영어로 바꾸어 문장을 말해 보세요.

1. **제가** 치즈 찾는 것을 **도와주실 수 있나요**? (you, help)

   ____

   me find cheese?

2. **당신은** 다른 종류의 치즈를 **가지고 있나요**? (you, have)

   ____

   other types of cheese?

3. **제가** 10명의 테이블을 **예약할 수 있나요**? (I, reserve)

   ____

   a table for 10 people?

4. **당신은** 제가 등록할 수 있는지 **아시나요**? (you, know)

   ____

   if I can still enroll?

Practice Point

1. *G* : Can I (   ) in the restaurant?

   식당에서 담배를 피울 수 있나요?

   M : I'm sorry but it's a non-smoking restaurant. You can smoke outside the lobby.

   죄송합니다만, 저희 식당은 전 좌석을 금연석으로 운영하고 있습니다. 담배는 로비 바깥쪽으로 나가셔서 피우실 수 있습니다.

2. *G* : Do you have a vegetarian menu?

   베지테리언 메뉴는 없나요?

   M : We don't have a separate vegetarian menu but I can recommend the dishes made only with (   ).

   베지테리언 메뉴가 따로 준비된 것은 없지만, 저희 메뉴 중 야채로만 요리된 메뉴들을 추천해 드립니다.

CHAPTER 12

Activity Ⅰ : PART Ⅰ. Restaurant Service

- Conversation & Point
- Grammar & Quiz

01 Conversation (레스토랑 예약)

Waiter/Waitress 웨이터/웨이트리스 **Guest** 고객

Work with your partner!

웨 이 터 안녕하십니까? 혹시 예약은 하셨습니까?

고 객 네, 7시에 예약했어요.

웨 이 터 어느 분 성함으로 예약하셨습니까?

고 객 김명학으로 세 분 예약했습니다.

웨 이 터 아! 김명학 고객님, 7시로 세 분 예약되어 있습니다. 제가 안내해 드리겠습니다.

고 객 감사합니다.

Key Words & Point Expressions

Table
레스토랑의 예약된 자리

I'll show you to your table.
제가 안내해 드리겠습니다.

영어로 대화문을 만드시오.

02 Conversation (창가 좌석 예약)

Waiter/Waitress 웨이터/웨이트리스 **Guest** 고객

Work with your partner!

웨 이 터 이 테이블로 준비했습니다. 마음에 드십니까?

고 객 창가 쪽 자리는 없습니까?

웨 이 터 죄송하지만, 창가 쪽 테이블은 이미 예약이 되어 있습니다.

고 객 알겠어요. 이곳에서 담배 피울 수 있어요?

웨 이 터 영업장 내에선 전 구역이 금연석입니다. 지정된 흡연 장소를 이용해 주시겠습니까?

Key Words & Point Expressions

Smoking Area
흡연구역

The table by the window are fully booked.
창가 쪽 테이블은 이미 예약이 되어있습니다.

영어로 대화문을 만드시오.

03 Conversation (고객을 찾을 때)

Waiter/Waitress 웨이터/웨이트리스 **Guest** 고객

Work with your partner!

웨 이 터 안녕하십니까? 찾으시는 고객님이 계십니까?

고 객 네, 그런데 얼굴을 모르는 손님을 찾는데 어떻게 하죠?

웨 이 터 네, 고객님. 앞쪽에 준비되어 있는 메모란을 확인하시고 성명을 기재하시면 저희가 안내해 드리겠습니다.

고 객 기록했습니다. 그럼 부탁드릴게요.

웨 이 터 네, 고객님. 이 테이블에 앉아계시면 저희가 찾으시는 고객님을 안내해 드리겠습니다.

Key Words & Point Expressions

Person's name
성명

I'll locate your guest, sir
저희가 찾으시는 고객님을 안내해 드리겠습니다.

영어로 대화문을 만드시오.

04 Conversation (바쁜 고객 응대)

Waiter/Waitress 웨이터/웨이트리스 **Guest** 고객

Work with your partner!

고 객 시간이 없어서 그러는데, 간단한 식사가 무엇이 있습니까?

웨 이 터 간단한 식사로는 파스타 종류가 있습니다, 고객님.

고 객 파스타는 만드는데 얼마나 걸리나요?

웨 이 터 파스타를 만드는 데는 약 15분 정도 걸립니다. 괜찮으십니까?

고 객 네, 그러면 햄 머쉬룸 크림파스타 1개 부탁합니다.

Key Words & Point Expressions

Quick meal
간단한 식사

Can you recommend ~
무엇이 있습니까?

영어로 대화문을 만드시오.

Grammer

이유 · 시간 · 조건 말하기

<음악 감상하기> 주제와 관련하여 '그 음악을 좋아하는 이유가 무엇인가요?'라는 문제에 답할 때, '마음을 편안하게 해주기 때문에 그 노래가 가장 좋습니다.'라고 답할 수 있어요. 이를 영어로 표현하면 다음과 같아요.

The song is my favorite because it is very relaxing.

'~이기/때문에'를 표현할 때는 위의 예문처럼 부사절 접속사 because를 사용해요. 부사절 접속사에는 이유를 나타내는 because (~이기 때문에) 외에, 시간을 나타내는 when(~할 때에), before(~전에), after(~후에), 그리고 상황을 가정하는 if(만약 ~라면)가 있어요.

If there is enough time, I visit the shopping district.
충분한 시간이 있다면 저는 상점가를 방문합니다.

문장 말해보기

1. 저녁식사 후에, 모두가 휴식을 취합니다.
After dinner, everyone relaxes.
My sentence ______________________

2. 할 일이 아무것도 없다면, 저는 잠시 낮잠 자는 것을 좋아합니다.
If there's nothing to do, I like to take a short nap.
My sentence ______________________

Quiz

괄호 안의 표현을 사용하여 색칠 부분의 우리말을 영어로 바꾸어 문장을 말해 보세요.

1. 제가 신상품을 출시했기 때문에 기억에 남습니다.
(I, launch, a new product)

It was memorable ____________________

____

2. 만약 주변에 다른 사람들이 있으면 저는 산만해집니다.
(other people, around)

I get distracted ____________________

____

3. 저희는 공포 영화를 볼 때, 비명을 크게 자주 지릅니다.
(I, watch, a horror movie)

____________________,

I scream loudly.

4. 요리하기 전에, 저는 주로 재료를 준비합니다. (I, cook)

____________________,

I usually prepare the ingredients.

Hotel Restaurant Service English

CHAPTER

13

Activity Ⅱ: PART Ⅱ. Food & Beverage Service Ⅰ

- Conversation & Point
- Grammar & Quiz

01 Conversation (메뉴 추천)

Waiter/Waitress 웨이터/웨이트리스 **Guest** 고객

Work with your partner!

고　객 시간이 없어서 그러는데, 간단한 식사가 무엇이 있습니까?
웨 이 터 간단한 식사로는 파스타 종류가 있습니다, 고객님.

고　객 파스타를 만드는데 얼마나 걸리나요?
웨 이 터 파스타를 만드는 데는 약 15분 정도 걸립니다. 괜찮으십니까?

고　객 네, 그러면 햄 머쉬룸 크림파스타 한 개 부탁합니다.

Key Words & Point Expressions

Quick meal
간단한 식사
Can you recommend ~
무엇이 있습니까?

영어로 대화문을 만드시오.

02 Conversation (잘못된 주문)

Waiter/Waitress 웨이터/웨이트리스 **Guest** 고객

Work with your partner!

고 객 이봐요, 내가 주문한 것이 아닙니다.

웨 이 터 아! 그렇습니까? 죄송합니다만, 어떤 음식을 주문하셨습니까?

고 객 아메리칸 아침식사를 주문했는데, 보시다시피 콘티넨탈 아침식사가 나왔어요.

웨 이 터 죄송합니다, 고객님. 즉시 주문하신 것으로 바꿔드리겠습니다. 잠시만 기다려 주시겠습니까?

고 객 알았어요.

Key Words & Point Expressions

Continental Breakfast
유럽식 조식

I'll bring your order.
주문하신 것으로 바꿔드리겠습니다.

영어로 대화문을 만드시오.

03 Conversation (정산)

Waiter/Waitress 웨이터/웨이트리스 **Guest** 고객

Work with your partner!

고 객 이봐요! 계산서 좀 주세요.

웨 이 터 네, 고객님. 맛있게 드셨습니까? 계산은 현금으로 하십니까? 아니면 카드로 하십니까?

고 객 룸 사인으로 하겠습니다. 테이블에서 계산이 됩니까?

웨 이 터 물론입니다. 이곳에 서명 부탁드리겠습니다.

고 객 여기요? 감사합니다.

Key Words & Point Expressions

Cash
현금 지불

Credit Card
신용카드 지불

Charge it to my room.
룸 사인으로 하겠습니다.

영어로 대화문을 만드시오.

04 Conversation (케이크 서비스)

Waiter/Waitress 웨이터/웨이트리스 **Guest** 고객

Work with your partner!

고 객 오늘 모임 중에 한 명이 생일인데, 생일 케이크 준비가 되나요?

웨 이 터 물론입니다. 다섯 분 이상 이용하시면 저희가 준비해 드립니다.

고 객 그럼 부탁드릴게요.

웨 이 터 초는 몇 개를 준비해 드릴까요?

고 객 큰 거 4개, 작은 거 5개 준비해 주세요. 감사합니다.

Key Words & Point Expressions

Candles
초

Prepare a cake
케이크를 준비하다.

영어로 대화문을 만드시오.

Grammer

that과 if 이용해 말하기

<수영> 주제와 관련하여 '수영의 장점은 무엇인가요?'라는 문제에 답할 때, '수영의 장점은 모든 근육을 사용한다는 것입니다.'라고 답할 수 있어요. 이를 영어로 표현하면 다음과 같아요.

The advantage of swimming is that it uses every muscle.

'~가 -하는 것'을 표현할 때는 위의 예문처럼 부사절 접속사 that을 사용해요. 명사절 접속사에는 that(~하는 것), if(~인지 아닌지) 등이 있어요.

The problem was that I forgot my password.
문제는 제가 비밀번호를 잊어버렸다는 것입니다.

문장 말해보기

1. 저는 가족들이 갑자기 보이지 않는다는 것을 알게 되었습니다.
   Suddenly I realized that I couldn't see my family.
   My sentence ______________________________

2. 제가 아직 등록할 수 있는지 아시나요?
   Do you know if I can still enroll?
   My sentence ______________________________

Quiz

괄호 안의 표현을 사용하여 색칠 부분의 우리말을 영어로 바꾸어 문장을 말해 보세요.

1. 문제는 **제가 면을 너무 오래 삶았다는 것**입니다. (I, overcook, the noodles)

The problem was ______________________________

____

2. 저는 항공사 직원에게 **제 항공편 일정을 변경해 줄 수 있는지** 물어보았습니다. (they, could change, my flight)

I asked the airline staff ______________________________

____

3. TV 프로그램 구성에서 가장 큰 변화는 이제 **리얼리티 프로그램이 많이 있다는 것**입니다. (there, are, many reality shows)

The biggest change in TV program is ______________________________

______________________________ now.

4. 상사께서 **우리가 특별손님을 맞이하게 될 것**을 알려주셨습니다. (we, would have, a special guest)

My boss announced ______________________________

____

Hotel
Restaurant
Service
English

CHAPTER 14

Activity Ⅲ: PART Ⅲ. Food & Beverage Service Ⅱ

• Conversation & Point

01 Conversation (식료품 쇼핑)

Waiter/Waitress 웨이터/웨이트리스 **Guest** 고객

Work with your partner!

고 객 식료품을 사고 싶은데 어디서 살 수 있습니까?

웨 이 터 바로 옆 건물이 백화점입니다. 지하 1층에서 식료품을 구입하실 수 있습니다.

고 객 백화점은 영업시간이 어떻게 되나요?

웨 이 터 네, 백화점은 10시 30분에 개장하여 오후 8시까지 영업을 합니다.

고 객 알려줘서 고마워요.

Key Words & Point Expressions

Groceries
식료품

When are the hours of operation?
영업시간이 어떻게 되나요?

영어로 대화문을 만드시오.

02 Conversation (분실물 처리)

Waiter/Waitress 웨이터/웨이트리스 **Guest** 고객

Work with your partner!

고 객 오늘 아침에 엘에스에서 식사를 하다가 안경을 테이블에 두고 온 것 같아요.

웨 이 터 어떤 종류의 안경을 잃어버리셨습니까?

고 객 노란색 안경테에 검은색 선글라스입니다.

웨 이 터 제가 한 번 확인해 보겠습니다. 네, 여기 보관되어 있습니다.

고 객 다행이네요. 고마워요.

Key Words & Point Expressions

Sunglasses
선글라스

We have it right here.
여기 보관되어 있습니다.

영어로 대화문을 만드시오.

03 Conversation (카드정산 오류)

Waiter/Waitress 웨이터/웨이트리스 **Guest** 고객

Work with your partner!

고 객 계산서를 확인할 수 있습니까? 요금을 더 많이 청구한 것 같습니다. 저희는 4인분이 아니라 3인분만 시켰는데요.

웨 이 터 죄송합니다, 고객님.

고 객 괜찮습니다. 그래서 총 얼마죠?

웨 이 터 총 185,000원입니다. 어떻게 지불하시겠습니까?

고 객 신용카드로 하겠습니다. 여기 있습니다.

웨 이 터 잠시만 기다려 주시겠습니까?

웨 이 터 혹시 다른 카드가 있으신가요, 고객님? 카드 한도가 넘은 것 같습니다.

고 객 정말요? 그럼 이 카드로 한 번 해 보시겠어요?

웨 이 터 불편을 끼쳐드려서 죄송합니다.

Key Words & Point Expressions

Portion
몇 인분

Do you have another card?
다른 카드 있으신가요?

영어로 대화문을 만드시오.

CHAPTER

15

Interview English

• Conversation & Point

01 Conversation

질　문

지금부터 인터뷰를 시작하겠습니다. 자기소개를 해 보세요.

모범답안

안녕, 에이바. 나에 대해서 알고 싶지? 음… 내 이름은 JN이야. 난 현재 미혼이고 가족과 함께 한국에서 가장 큰 도시인 서울의 아파트에 살고 있어. 나의 가족은 아버지, 어머니 그리고 나까지 3명이야. 나의 아버지는 자상하시고, 어머니는 친절하셔. 난 가족을 아주 많이 사랑해. 여가시간에는 난 느긋한 편이라서 하루 종일 TV 보는 것을 좋아해. 게다가 너도 알다시피 TV를 보는 동안은 그 어떤 생각도 할 필요가 없어서 휴식을 취할 수 있어. 그리고 가끔은 전 가족과 함께 동네에 있는 공원에 조깅이나 산책을 하러 가기도 해. 넌 어떠니?

Self Introduction

(자기 소개하기)

Qustion

Let's start the interview now. Tell me a little about yourself.

Model Answer

Hello, Ava. Let me speak of myself a little. Um... My name is JN, and I am single. So I live with my family in an apartment in Seoul which is the biggest city in Korea. There are 3 members in my family: my father, my mother and me. My father is thoughtful and my mother is kind. I love my family so much. In my free time, I like to watch TV at home all day long because I am a very laid back person. Plus, you know, watching TV makes me relaxed a lot because I don't need to think anything while watching TV. Also, sometimes, I go to the park in my neighborhood with my family to go jogging or take a walk. That's all about me, and what about you, Ava?

Key Words & Point Expressions

I live with my family in an apartment in Seoul.
I like to watch TV at home all day long.
I am a very laid back person.
Watching TV makes me relaxed a lot.

02 Conversation

질 문

당신 나라의 계절에 대해 말해 주시겠어요? 각 계절마다 날씨가 어떠한가요?

모범답안

에이바, 난 이 질문에 대해서 한 번도 생각해 본 적이 없어. 하지만 한 번 해 볼게. 음… 한국은 봄, 여름, 가을, 겨울의 사계절이 있어. 봄은 3월 즈음 시작되며 날씨가 따뜻하고 좋아. 다양한 종류의 꽃들을 어디에서든 볼 수 있고, 특히 가로수는 벚꽃이 많아 활짝 피면 장관이야. 그래서 여기저기에서 많은 꽃 축제를 즐길 수 있어. 하지만 환절기라 가벼운 재킷 하나는 가지고 다녀.

여름은 보통 6월부터 8월까지인데 아주 덥고, 아주 후덥지근해. 그래서 많은 사람들이 반바지를 입기 시작하고, 집에서나 사무실에선 에어컨이 필요해. 또한 비가 많이 오고, 늦여름에는 태풍이 와. 그래서 장화도 필요해.

가을의 경우에는 9월부터 시작해. 시원해지기 시작하고 저녁에 쌀쌀해져. 그래서 난 가을에 재킷을 입어. 넌 단풍이 물드는 나무들로 아주 아름다운 한국을 즐길 수 있어.

마지막으로 겨울은 12월부터야. 요즘은 아주 춥고 눈도 많이 와서 많은 사람들이 부츠를 신어야 하고, 스키와 스노보드와 같은 겨울 스포츠를 즐길 수도 있어. 내가 전에 얘기했듯이 한국엔 사계절이 있지만, 그 중에서 난 봄이 제일 좋아. 난 꽃과 좋은 날씨를 즐길 수 있거든.

Weather

(한국의 계절과 날씨 말하기)

Qustion

Can you tell me about the seasons in your country? What is each season like? How's the weather in each season?

Model Answer

[일반 정보 – 한국의 사계절]

Oh! Let me see~ the question is easy but I don't usually think about it. Wow! You are killing me. I will try. Hm... Okay. Korea, my country has four distinct seasons, spring, summer, fall, and winter.

[Can you tell me about the seasons in your country? What is each season like? How's the weather in each season?]

Spring starts around March and the weather is warm and nice. You can see many kinds of flowers everywhere. Especially, there are a lot of cherry blossom trees. you know, it's the national flower of Japan. So you can enjoy the flower festivals everywhere in my country. It's the change of seasons so I usually take a light jacket with me.

Summer is usually from June to August. It is very hot and humid. It's really sticky hot. So many people start to wear shorts and we need an air conditioner everywhere like at home and in the office. Also, we have lots of rain and typhoons at the end of summer so you should have rain boots around this time.

In case of fall, it starts from September. It starts to cool down so it gets chilly in the evenings. That's why, in my case, I always wear a jacket. and you can take your time to see beautiful Korea because of trees changing their colors.

Finally, winter starts from December. These days, it is very cold and snowy during winter in Korea. So many people need to wear snow boots and also, they can enjoy winter sports such as skiing and snow boarding.

[마무리 – 본인 생각]

There are four seasons in Korea as I mentioned, however, among them, my favorite one is spring. I can enjoy flowers and nice weather.

Key Words & Point Expressions

They can enjoy winter sports such as skiing and snow boarding.
I can enjoy flowers and nice weather.

03 Conversation

질 문

설문조사지에 당신이 요리를 선택하셨어요. 주로 요리하는 음식이 무엇인가요? 그리고 어떻게 요리합니까? 요리하는 과정을 설명해 주세요.

모범답안

음… 내가 요리할 수 있는 음식에 대해서? 오케이. 요리에 대해서 말하는 거라면, 내 경우엔 모든 종류의 음식을 요리하는 것을 좋아해. 그래서 요리를 하려고 하지만 할 일이 많아서 가능하진 않아. 하지만 여유가 있을 때 요리를 하는데, 내가 제일 좋아하는 건 김치국수야. 왜냐하면, 요리하는데 많은 시간을 보내지 않아도 되고 만들기도 정말 쉽거든. 이 레시피는 같은 아파트에 사는 전문요리사인 JJ에게서 10년 전에 배웠어. 재료로는 국수, 한국에서 제일 인기 있는 음식인 김치와 토마토, 그리고 양파, 버섯, 마늘 등의 채소가 필요해. 먼저 물을 끓이고 면을 넣어. 기다리는 동안 김치와 채소를 썰고 소스와 섞어. 그리고 면이 다 익으면 팬에 넣고 모두 함께 섞어줘. 이게 다야. 만들기에도 간단하고 시간도 많이 안 걸려서 모두가 김치국수를 좋아해. 네게도 강력 추천해. 너도 분명 좋아할 거야! 한 번 해봐, 에이바!

Cook

(요리 레시피 말하기)

Qustion

You indicated in the survey that you like cooking. What do you like to cook the most? How do you cook it? Tell me about the process of making the food.

Model Answer

[일반 정보 - 나의 상황]

Um... about the food that I can cook? Okay. For me to talk about cooking, um... in my case, I like cooking all kinds of food. So I usually try to cook, but it is not possible because I usually have a lot to do. However, when I have my spare time, I cook my favorite food; it's called Korean Kimchi Noodle. Because I don't need to spend a lot of time to cook Korean Kimchi Noodle. Also, it is really easy to make. I learned this recipe from my friend JJ about 10 years ago, who lives at the same apartment complex because he's a professional cook.

[What do you like to cook the most? How do you cook it? Tell me about the process of making the food.]

Um... there are a few ingredients I need to cook Kimchi Noodle. I need noodles, Kimchi which is the most popular Korean food, tomatoes and some vegetables such as onions, mushrooms, and a piece of garlic. When everything is ready, here is how to cook Kimchi Noodle. First, boil water and put the noodles into it. While waiting for it, slice Kimchi and some vegetables like onions, musheooms and so on. Then, mix them with the sauce in the pan. When the noodle's done, put the noodles into the pan and mix everything together.

[마무리 - 본인 생각]

That's it. I think it's quite simple to make and doesn't take that long, so everyone likes it. I strongly recommend you to cook Kimchi Noodle. I'm sure you will also love it like me! Try it, Ava!

Key Words & Point Expressions

There are a few ingredients I need to cook Kimchi Noodle.

04 Conversation

질　문

자, 이제 은행에서 새로운 계좌를 오픈하는 방법을 말해 보세요. 은행에 들어가서 가장 먼저 하는 것부터 모든 과정을 설명해 주세요.

모범답안

에이바!! 당신 나를 싫어하는 게 분명한 것 같아. 오래됐는데… 은행… 내 생각에 한국에서 은행계좌를 개설하는 것은 심지어 외국인들도 복잡하지 않아. 먼저 은행에 들어가면 번호표를 뽑아. 그리고 소파에 앉아서 본인 순서를 기다려. 사인보드에 본인의 번호표가 뜨면, 직원에게 가서 준비해야 될 서류들이 몇 가지 있어. 먼저 여권이나 운전면허증과 같은 유효한 신분증을 직원에게 보여줘. 그리고 신청서를 작성해. 그럼 직원이 새로운 계좌 개설을 위해서 모든 것을 해 줄 거야. 기다리는 동안, 은행 계좌의 비밀번호도 설정해. 그리고 통장에 사인을 해. 이게 다야! 그래서 한국에서 은행계좌를 오픈하는 건 쉬워. 에이바, 너희 나라는 어때?

Bank

(은행에서 계좌 오픈하는 방법 말하기)

Qustion

Now tell me about the process of opening a new bank account. Tell me the whole procedure starting with when you first step into the bank.

Model Answer

[일반 정보]

Do you really hate me Ava? It's been a very long time. A bank... bank account I need some time. OK, I think it's not complicated to open a new bank account in Korea even to the foreigners.

[Now tell me about the process of opening a new bank account. Describe the whole procedure starting with when you first step into the bank.]
First, when you enter the bank, you have to get a number ticket from the Q-machine and wait for your turn sitting on a sofa. When you see your turn on the signboard, it's time to get served.
You need to show your valid ID such as your passport or driver's license, fill out the form, and the teller does everything for you to open a bank account. You just wait. Oh~, while waiting, you can set up your PIN# for your bank and then, you can sign your name on the bankbook.

[마무리 - 요약]

That's it! It's the process to open a new bank account in Korea. What about your country, Ava?

Key Words & Point Expressions

When you see your turn on the signboard, it's time to get served.
What about your country, Ava?

Hotel
Restaurant
Service
English

Answer Key

CHAPTER 1 *Practice Point*

1. R : For how (many) people, sir?
   몇 분 정도 이용하십니까?

   G : Four.
   4명입니다.

2. R : Thank you for calling Korean Restaurant. This is Lee Bona. How can I help you?
   안녕하십니까. 한국 레스토랑 이보나입니다. 무엇을 도와드릴까요?

   G : I'd like to (cancel) my reservation, please.
   예, 예약을 취소하려고 하는데요.

CHAPTER 2 *Practice Point*

1. R : Good evening, sir. (Under) what name do you have a reservation?
   안녕하십니까? 어느 분 성함으로 예약하셨습니까?

   G : Yes, under Sam Green.
   샘 그린입니다.

2. G : How (long) would the wait be?
   몇 분 정도 걸릴 것 같나요?

   R : About 10 minutes, sir.
   약 10분 정도면 안내해 드릴 수 있을 것 같습니다

CHAPTER 3 *Practice Point*

1. W : (May) I take your order?
   주문하시겠습니까?

   G : Tenderloin steak, please.
   텐더로인 스테이크로 주세요.

2. W : (How) would you like your steak done?
   고기는 어떻게 익혀드릴까요?

   G : Medium, please.
   미디엄으로요.

CHAPTER 4 *Practice Point*

1. G : I'll have the buffet, then. Can I go ahead?
   그러면 뷔페를 이용하겠습니다. 바로 이용하면 되나요?

   R : Sure. (Would) you like some coffee or tea?
   예, 그렇습니다. 커피나 차를 준비해 드릴까요?
2. G : Can I have toast and croissants?
   토스트와 크루아상을 섞어서 줄 수 있나요?

   W : Sure. Thank you. (Coming) right up, sir.
   그럼요. 감사합니다. 바로 준비해 드리겠습니다.
3. G : What would you (recommend)?
   한국음식 중 무엇을 추천하나요?

   W : Our non-Korean guests tend to prefer the Beef bone soup to the Dried Pollack soup.
   외국 고객님들은 북어해장국보다는 사골우거지국을 더욱 선호하는 편입니다.

CHAPTER 5 *Practice Point*

1. W : Excuse me. (Would) you like some coffee or tea?
   실례하겠습니다. 커피나 차를 하시겠습니까?

   G : Coffee, please.
   커피 주세요.
2. W : Excuse me. Would you like some (refill) coffee?
   실례하겠습니다. 커피 한 잔 더 하시겠습니까?

   G : Yes, please.
   부탁합니다.

CHAPTER 6 *Practice Point*

1. G : Can you (recommend) something?
   식사를 추천해 주시겠어요?

   W : Do you have a preference or foods that you don't like?
   특별히 좋아하시거나 싫어하시는 요리가 있습니까?
2. G : (What) is Hyang Cho Gu?
   향초구(바나나튀김)가 무엇입니까?

   W : It's a sweet dessert, sir. Fried banana is served with honey.
   바나나를 튀겨 꿀과 함께 단맛을 낸 디저트입니다.

CHAPTER 7 *Practice Point*

1. C : I will validate it for you. Here you go.
   (Would) you like to pay in cash or credit card?
   예. 주차권은 제가 도장을 찍어 드리겠습니다.
   여기 있습니다. 계산은 현금으로 하시겠습니까, 카드로 하시겠습니까?

   G : I will pay in cash.
   현금으로 하겠습니다.

2. G : (Can) I pay now?
   계산하려고 하는데요?

   C : Yes, if you're staying at this hotel, you could incorporate the bill into your room charge or you could pay right now.
   예, 현재 투숙하고 계신다면 계산을 룸 사인으로 하실 수도 있고, 이곳에서 직접 계산하실 수도 있습니다.

3. C : Yes, sir. Here we go.
   예, 알겠습니다, 고객님. 계산서 여기 있습니다.

   G : We'd like to (split) the bill, please.
   이 계산서를 개인별로 나누어서 주세요.

CHAPTER 8 *Practice Point*

1. G : I ordered medium, but it's not cooked enough.
   스테이크를 주문할 때 중간 정도 익혀달라고 했는데, 너무 안 익혀졌어요.

   W : I am (sorry), sir. I will take the steak to our chef right away. Please wait just a moment. I apologize for the inconvenience, Mr. Green.
   그렇습니까? 죄송합니다. 지금 즉시 스테이크를 더 익혀드리겠습니다. 조금만 기다려 주시면 최대한 빨리 준비해 드리겠습니다. 식사 중에 이런 불편을 드려 대단히 죄송합니다.

2. G : Excuse me, I asked for coffee three times. Where is my coffee?
   여기요, 제가 커피 가져다 달라고 이야기를 세 번이나 했는데, 왜 아직도 커피를 가져오지 않는 건가요?

   W : I'm so sorry. I'll be right back. Here is some coffee. I (apologize) for keeping you waiting. I'll check and prepare refills. Is there anything else you need?
   정말 죄송합니다. 제가 바로 준비해 드리겠습니다. 커피 올려 드리겠습니다. 오래 기다리시게 해 드려 정말 죄송합니다. 커피 리필은 제가 미리 확인하여 준비해 드리겠습니다. 더 필요하신 것은 없습니까?

CHAPTER 9 *Practice Point*

1. M : You (left) your room key.

방 열쇠를 두고 가셨습니다.

G : Oh, thank you.

아, 감사합니다.

2. G : I was happy with your service. This is a token of my appreciation.

서비스가 아주 좋아서 직원에게 성의 표시를 하고 싶은데요.

M : Thank you, but we have a "No Tip" (policy). A service fee of 10% has already been added to your total bill. Thank you.

감사합니다만, 저희는 '노 팁' 정책을 취하고 있고, 고객님의 계산서에 봉사료 10%가 이미 포함되어 있습니다.

CHAPTER 10 *Practice Point*

1. R : This is room service, may I help you?

룸서비스입니다. 무엇을 도와드릴까요?

G : Yes, I'd like to (order) breakfast for tomorrow morning.

내일 아침을 주문하고 싶습니다.

2. R : May I have your signature on the bill?

서명 부탁드립니다.

G : Sure. (Here) you are.

네, 여기 있습니다.

CHAPTER 11 *Practice Point*

1. G : Can I (smoke) in the restaurant?

식당에서 담배 피울 수 있나요?

M : I'm sorry but it's a non-smoking restaurant. You can smoke outside the lobby.

죄송합니다만, 저희 식당은 전 좌석을 금연석으로 운영하고 있습니다. 담배는 로비 바깥쪽으로 나가셔서 피우실 수 있습니다.

2. G : Do you have a vegetarian menu?

베지테리언 메뉴는 없나요?

M : We don't have a separate vegetarian menu but I can recommend the dishes made only with (vegetables).

베지테리언 메뉴가 따로 준비된 것은 없지만, 저희 메뉴 중 야채로만 요리된 메뉴들을 추천해 드립니다.

CHAPTER 1 *Quiz*

괄호 안의 표현을 사용하여 다음의 우리말 문장을 영어로 말해 보세요.

1. 제 친구는 영어 강사로 일합니다. (as an english instructor)

My friend works as an english instructor.

2. 저는 빌라에서 삽니다. (in a villa)

I live in a villa.

3. 사람들이 호수를 따라 걷습니다. (along the lake)

People walk along the lake.

4. 그 일은 1년 전에 일어났습니다. (one year ago)

It happened one year ago.

CHAPTER 2 *Quiz*

괄호 안의 표현을 사용하여 다음의 우리말 문장을 영어로 말해 보세요.

1. 저희 아파트단지는 평범합니다. (my apartment complex, boring)

My apartment complex is boring.

2. 텔레비전을 보는 동안, 저는 슬펐습니다. (I, sad)

While watching the TV, I felt sad.

3. 저는 편안해졌습니다. (I, comfortable)

I became comfortable.

4. 그는 약간 긴장했습니다. (He, a little nervous)

He was a little nervous.

CHAPTER 3 *Quiz*

괄호 안의 표현을 사용하여 다음의 우리말 문장을 영어로 말해 보세요.

1. 저는 제 친구들과 야구를 즐깁니다. (baseball, with my friends)

I play baseball with my friends.

2. 저는 노트북 컴퓨터를 가지고 있습니다. (a notebook computer)

I have a notebook computer.

3. 저는 바닥을 쓸기 위해서 진공청소기를 사용합니다. (a vacuum cleaner, to sweep the floor)

I use a vacuum cleaner to sweep the floor.

4. 저는 재즈음악을 좋아합니다. (jazz music)

I like Jazz music.

CHAPTER 4 *Quiz*

괄호 안의 표현을 사용하여 다음의 우리말 문장을 영어로 말해 보세요.

1. 그가 우리에게 야구하는 법을 보여 주었습니다. (how to play baseball)

He showed us how to play baseball.

2. 저는 저희 선생님께 선물을 사드렸습니다. (My teacher, some gifts)

My teacher bought my family some gifts.

3. 저희 친구가 스마트폰 사용방법을 가르쳐 주었습니다. (my friend, how to use the smart phone)

My friend taught me how to use the smart phone.

4. 제 친구가 나에게 책을 주었습니다. (My friend, a book)

My friend gave me a book.

CHAPTER 5 *Quiz*

괄호 안의 표현을 사용하여 다음의 우리말 문장을 영어로 말해 보세요.

1. 저는 엄마가 청소하시는 것을 도와드렸습니다. (my mother, clean)

I helped my mother clean.

2. 병원에 가는 것은 저를 긴장하게 만듭니다. (going to the hospital, feel nervous)

Going to the hospital makes me feel nervous.

3. 그것은 거실을 더 환하게 만들었습니다. (the living room, bright)

It made the living room brighter.

4. 그녀는 자신의 학생이 결승전에서 우승하도록 도왔습니다. (her team, win the championship)

She helped her team win the championship.

CHAPTER 6 *Quiz*

괄호 안의 표현을 사용하여 다음의 우리말 문장을 영어로 말해 보세요.

1. 학교에는 서점이 있습니다. (a bookstore)

There is a bookstore on the campus.

2. 저희 동네에는 많은 빌딩들이 있습니다. (many buildings)

There are many buildings in my neighborhood.

3. 제 방에는 책들과 옷들이 많이 있습니다. (many books and clothes)

There are many books and clothes in my room.

4. 서울에는 관광명소들이 많습니다. (a lot of tourist attractions)

There are a lot of tourist attraction in Seoul.

CHAPTER 7 *Quiz*

괄호 안의 표현을 사용하여 다음의 우리말 문장을 영어로 말해 보세요.

1. 저희 사무실은 조용해서, 휴식시간에 휴식을 취하기가 쉽습니다. (easy, rest)

My office is quiet, so it is easy to rest during my coffee break.

2. 사원들을 위한 오리엔테이션 세미나를 하는 것은 제 업무입니다. (my job, conduct orientation seminars)

It is my job to conduct orientation seminars for employees.

3. 부상을 막기 위해서는 알맞은 종류의 신발을 신는 것이 중요합니다, (important, wear)

It is important to wear the right type of footwear to prevent injuries.

4. 우리가 일을 할 때는 함께 시간을 보내는 것이 어렵습니다. (difficult, spend time together)

It is difficult to spend time together when we are working.

CHAPTER 8 *Quiz*

괄호 안의 표현을 사용하여 색칠 부분의 우리말을 영어로 바꾸어 문장을 말해 보세요.

1. 저는 미래에 호텔에서 일하고 싶습니다. (the future)

I want to work for a hotel in the future.

2. 저는 글로벌 호텔에서 3년 동안 근무했습니다. (three years)

I have worked at Global Hotel for three years.

3. 저는 일요일 오후마다 볶음밥을 요리하는 것을 좋아합니다. (Sunday afternoon)

I like to make fried rice on Sunday afternoon.

4. 그는 여행하는 동안 사진을 많이 찍었습니다. (the trip)

He took a lot of pictures during the trip.

CHAPTER 9 *Quiz*

괄호 안의 표현을 사용하여 색칠 부분의 우리말을 영어로 바꾸어 문장을 말해 보세요.

1. 그는 다양한 캐릭터를 연기할 수 있습니다. (play)

He can play many different characters.

2. 제 집은 매우 넓어서 집 안에 많은 것을 들여놓을 수 있습니다. (keep)

My home is very large, so I can keep many things in it.

3. 저는 제가 만날 사람들과 연락할 수 있도록 휴대전화를 챙깁니다. (contact)

I pack a smart phone so that I can contact the people I will meet.

4. 저는 호텔 직원에게 제 항공편 일정을 변경해 줄 수 있는지 물어보았습니다. (change)

I asked hotel concierge if they could change my flight.

CHAPTER 10 *Quiz*

괄호 안의 표현을 사용하여 색칠 부분의 우리말을 영어로 바꾸어 문장을 말해 보세요.

1. 학교에는 많은 건물들이 있습니다. (the campus)

There are many buildings on the campus.

2. 방 안에는 침대, 책상 그리고 의자가 있습니다. (the room)

I have a bed, a desk, and a chair in the room.

3. 저희는 주로 집에서 함께 저녁식사를 준비합니다. (home)

We usually prepare dinner together at home.

4. 저는 주로 지하철에서 음악을 듣습니다. (the subway)

I usually listen to music on the subway.

CHAPTER 11 *Quiz*

괄호 안의 표현을 사용하여 색칠 부분의 우리말을 영어로 바꾸어 문장을 말해 보세요.

1. 제가 치즈 찾는 것을 도와주실 수 있나요? (you, help)

Can you help me find cheese?

2. 당신은 다른 종류의 치즈를 가지고 있나요? (you, have)

Do you have other types of cheese?

3. 제가 10명의 테이블을 예약할 수 있나요? (I, reserve)

Can I reserve a table for 10 people?

4. 당신은 제가 등록할 수 있는지 아시나요? (you, know)

Do you know if I can still enroll?

CHAPTER 12 *Quiz*

괄호 안의 표현을 사용하여 색칠 부분의 우리말을 영어로 바꾸어 문장을 말해 보세요.

1. 제가 신상품을 출시했기 때문에 기억에 남습니다. (I, launch, a new product)

It was memorable because I launched a new product.

2. 만약 주변에 다른 사람들이 있으면 저는 산만해집니다. (other people, around)

I get distracted if other people are around.

3. 저희는 공포영화를 볼 때, 비명을 크게 자주 지릅니다. (I, watch, a horror movie)

When I watch a horror movie, I scream loudly.

4. 요리하기 전에, 저는 주로 재료를 준비합니다, (I, cook)

Before I cook, I usually prepare the ingredients.

CHAPTER 13 *Quiz*

괄호 안의 표현을 사용하여 색칠 부분의 우리말을 영어로 바꾸어 문장을 말해 보세요.

1. 문제는 제가 면을 너무 오래 삶았다는 것입니다. (I, overcook, the noodles)

The problem was that I overcooked the noodles.

2. 저는 항공사 직원에게 제 항공편 일정을 변경해 줄 수 있는지 물어보았습니다. (they, could change, my flight)

I asked the airline staff if they could change my flight.

3. TV 프로그램 구성에서 가장 큰 변화는 이제 리얼리티 프로그램이 많이 있다는 것입니다. (there, are, many reality shows)

The biggest change in TV program is that there are many reality shows now.

4. 상사께서 우리가 특별손님을 맞이하게 될 것을 알려주셨습니다. (we, would have, a special guest)

My boss announced that we would have a special guest.

CHAPTER 12 *Activity* I

01. May I have your name, please?

W Good evening, sir/madam. Do you have a reservation?

G Yes, I have a reservation for 7 o'clock.

W May I have your name, please?
(What name did you make the reservation under?)

G Kim Myunghak. I reserved a table for three.

W Oh, yes. I have your reservation here. I'll show you to your table. Could you please follow me?

G Thank you.

02. I'm afraid the tables by the window are fully booked right now.

W Here is your table. Are you satisfied with table sir/madam?

G Do you have any tables by the window?

W I'm afraid the tables by the window are fully booked right now.

G All right. Is this a smoking area?

W I'm sorry, sir/madam. This is a non-smoking restaurant but we do have designated smoking areas.

03. I will locate your guest, Mr. Green.

W Hello. Welcome to the Global Hotel. Are you looking for a guest, Mr. Green?

G Yes, I am. But unfortunately, I don't know what he/she looks like. Could you help me find him/her?

W Certainly, Mr. Green. Could you please write down the person's name on the memo pad? I will check for you.

G Okay, that's great.

W Could you please wait here? I will locate your guest, sir/madam.

04. Can you recommend anything simple on the menu?

G I don't have much time. I just want a quick meal. Can you recommend anything simple on the menu?

W I would like to recommend pasta.

G How long would it take?

W It will take about 15minutes. Is that all right, sir/madam?

G Yes, then I would like cream pasta with mushroom and ham.

CHAPTER 13 *Activity* II

01. Can you recommend anything simple on the menu?

G I don't have much time. I just want a quick meal. Can you recommend anything simple on the menu?

W I would like to recommend pasta.

G How long would it take?

W It will take about 15minutes. Is that all right, sir/madam?

G Yes, then I would like cream pasta with mushroom and ham.

02. I'll bring your order immediately.

G Excuse me, this is not what I ordered.

W Oh, really? I'm truly sorry. What did you order, sir/madam?

G I ordered the American breakfast but as you can see, I have been served the continental breakfast.

W I'm sorry, sir/madam. I'll bring your order immediately. Could you wait just a moment?

G Okay.

03. Did you enjoy your meal?

G Excuse, me. Could you bring me the bill?

W Certainly, sir/madam. Did you enjoy your meal? Would you like to pay by cash or by credit card?

G I would like to charge it to my room. Is it possible to charge here?

W Yes, sir/madam. Please sign here.

G Here? There you go. Thank you.

04. Could you prepare a cake for us?

G Today is one of my members' birthday. Could you prepare a cake for us?

W Of course, sir/madam. We can prepare a cake if there are more than five people in your party.

G Thank you.

W How many candles would you like, sir/madam?

G I need four big ones and five small ones. Thank you.

CHAPTER 14 *Activity* III

01. Where can I buy some groceries?

G Where can I buy some groceries?

W The building right next to the hotel is the department store. You can buy some groceries over there. It is located on Basement 1 Foor.

G When are the hours of operation?

W It opens at 10:30 in the morning and closes at 8 o'clock in the evening.

G Thank you.

02. I will check out for you, sir/madam.

G I had a breakfast in the buffet restaurant 'L S' this morning, But I seem to have forgotten my glasses on the table.

W What kind of glasses were they, sir/madam?

G They were black sunglasses with yellow frames.

W I will check it for you, sir/madam. We have it right here.

G That's great. Thank you.

03. Excuse me sir, but do you have another card?

G Could I see the bill? I think you've overcharged me. We only had 3 portions, not 4 portions.

W Oh, I'm very sorry for the mistake, sir/madam.

G No problem. So what is the total amount?

W The total comes to 185,000 won. How would you like to pay?

G By credit card. Here you are.

W One moment, please.

W Excuse me, sir, but do you have another card? It seems your card has exceeded the limit.

G Oh really? Well, please try with this card.

W We apologize for any inconvenience, sir/madam.

Hotel
Restaurant
Service
English

Appendix:

Restaurant Glossary

01 Restaurant Glossary

【A】

After Dinner Cart
여러 종류의 Brandy 및 Liqueur를 진열하여 고객이 선택하여 드실 수 있도록 만들어 보편적으로 고급식당에서 사용하는 이동식 수레

A la
~풍의, ~식의, ~을 곁들인

A La Carte
일품요리(메뉴 중 자기가 좋아하는 요리를 선택하여 주문하는 형식)

A La Mode
각종 파이류에 아이스크림을 얹어서 제공하는 일종의 후식

American Breakfast
감자를 곁들인 달걀요리와 주스 · 토스트 · 커피가 제공되며, 베이컨 · 햄 · 소시지 등을 선택하여 먹는 아침식사

Aperitif
식전에 식욕을 증진시키기 위해서 마시는 술로서 각종 칵테일 및 Aperitif Wine이 있음.

【B】

Bar
주류를 위주로 하여 영업하는 장소

Bar Charge
바(bar) 부문의 판매거래에서 발생한 수익의 합계

Bartender
칵테일 조주를 위시하여 주류 전반에 대한 서비스를 담당하는 사람

Base
칵테일을 만들 때 가장 많이 함유되는 술

Basils
향료의 일종

Blanc
흰색 또는 맑은 것을 의미. Vin Blanc은 백포도주, White sauce, 백색의 린넨, 달걀의 흰자위, 화이트 미트를 의미함.

Blend
두 가지 이상의 재료를 혼합, 즉 블랜디드 위스키(blended whisky)라 하면, 몰트 위스키(malt whisky)와 그래인 위스키(grain whisky)의 두 가지를 혼합한 위스키를 말함.

Boiled Eggs
삶은 달걀

Bread Basket
빵 담는 바구니

Brunch
아침과 점심 사이에 하는 식사를 말함. 아침(breakfast)과 점심(Lunch)의 합성어. 주로 10~12시 사이에 간단한 음식으로 제공됨.

【C】

Canape
빵을 잘게 여러 가지 모양으로 만들어 그 위에 각종 가공된 음식물을 얹어서 한 입에 먹을 수 있게 만든 요리

Captain
업장에서 웨이터나 웨이트리스들을 통솔하며, 어떤 한 섹션을 담당하여 주문을 받는 주임급 직원

Caster Set
테이블에 놓는 소금과 후추 세트를 지칭

Catering
식음료부서에 속하면서 일종의 출장요리

Caviar
철갑상어(sturgeon)의 알

Chateau Briand
소의 등뼈 양쪽에 붙여 있는 가장 연한 안심의 머리 부분

Chef
식당의 주방장(kitchen chief)

Chilled Water
식당에서 고객의 Water Glass에 따라주는 냉수(ice water)

Chinaware
각종 도자기 집기류

Cocktail Lounge
라운지(lounge) 옆에 바(bar)를 설비하여 양주에서 소프트드링크까지 이른바 음료를 마시면서 담화하는 넓고 큰 방을 칵테일 라운지라고 함.

Continental Breakfast
Juice, Toast, Roll or Sweet Roll, Coffee(tea or milk)로

구성된 아침식사, 메뉴에 달걀이 곁들이지 않은 조식, 음료(커피·홍차·주스·코코아·밀크)와 빵과 Butter(jam)만의 식사

Continental Plan
유럽식 아침식사로 보통 커피 또는 우유와 빵·치즈가 제공

Corkage
손님이 가져 온 술병에 대한 서비스 룰(마개를 뽑아주는 서비스 룰)

Corkage Charge
호텔 식당에 있어서 그 식당의 술을 구매하지 않고, 고객이 가지고 온 술을 마실 때 마개를 뽑아주는 봉사료

Covers
업장에서 음료와 음식을 시키는 고객의 수

Crepe Suzette
얇게 구워낸 팬케이크로 맛이 좋은 시럽소스와 서브되는 둥글게 말아서 만든 것. 보통 술을 약간 넣어 데워서 브라운 색깔로 만듦.

Crib
어린이를 위한 유아용 침대로, 고객의 요청에 따라 추가되며, Baby Bed라고도 함.

Cuisine
요리 혹은 조리법

Cutlet
얇게 저민 고기나 생선에 밀가루·달걀·빵가루 등을 묻혀서 프라이 한 요리

【D】

Daily Menu
식당의 전략메뉴라 할 수 있는 이 식단은, 매일 시장에서 나오는 특별재료를 구입하여 조리장의 기술을 최대로 발휘하여 고객의 식욕을 자극할 수 있는 메뉴

Danish Blue
덴마크산 푸른곰팡이 치즈

Danish Pastry
덴마크식 빵으로, 반죽을 유지로 싸서 퍼프 패스트리(puff pastry)처럼 밀고 접기를 반복하여 굽는 빵

Decanter
각종 음료를 담는 용기로 Cocktail Decanter, Wine Decanter가 있음.

Dessert wine
주(main) 식사가 끝나고 디저트(dessert)를 먹을 때 같이 먹는 와인(wine)으로, 주로 Sweet Sherry Wine, Sweet Red Wine, Sweet White Wine 등이 디저트 와인으로 많이 애용

Dissert
식후에 먹는 음식으로 Main Course를 먹고 나면 Dessert를 제공한다. 주로 Sweet와 Savoury 및 Fruit의 3가지 요소가 포함된 것을 제공

Door Knob Menu
객실에 비치된 것으로 손님께서 원하는 날짜·시간·물품을 표기하여 당일 2:00까지 Door Knob에 걸어 놓으면, 이를 룸서비스 직원이 수거하여 Order Taker가 시간별로 분류하여 Bill을 작성

Draft Beer
제조과정에서 발효균을 살균하지 않은 생맥주(lager beer)

Dressed Food
음식상품으로서의 가치를 높이기 위해 Dresser에 의해 예쁘게 장식되고 정리된 음식

Dry
주조상의 용어로 드라이라고 할 때는 당분이 없다는 뜻이며, Dry Wine이라고 할 때는 단맛이 없는 포도주를 의미

Dutch Coffee
물을 사용하여 3시간 이상 추출한 독특하고 향기 좋은 커피

【E】

Entree
정식의 여러 코스 중 중심이 되는 요리로, 소고기·송아지고기·돼지고기·양고기뿐만 아니라, 생선이나 새고기 종류도 식사코스의 중심이 된다면 앙트레로 조리할 수 있음. 이외에도 쌀이 주식인 곳에서는 밥·국수·빵 등 모두 앙트레임.

Espresso
이탈리아식 커피추출법으로, 농도를 진하게 추출해내는 방법

Executive Chef
모든 주방장(chef)을 지휘·통솔하는 주방부장으로 실제적인 조리(cooking)보다는 메뉴계획이라든가 인사 등 주방부서의 행정적인 면을 담당함.

【F】

F & B(Food & Beverage)
식료·음료를 통칭하는 말

Fried Eggs(turn over, sunny side up)
프라이 에그(양면 구운, 한 면만 구운)

【G】

Garde Manger
찬 음식을 다루는 부서 또는 그 부서의 관리자

Garnish
먹을 수 있는 재료로 음식물을 보기 좋게 장식해 놓은 Dish (예 : Caviar)

Gouda Cheese
네덜란드 남부에 위치한 가우다 근교에서 200여 년 전부터 만들어진 것으로, Edam Cheese와 유사하나 지방함량이 높으며, 외피는 적색으로 염색. 이 치즈는 살균시키지 않은 우유를 가지고 만든 Sweet Curd Cheese로서 Semi-Soft에서 Hard Cheese까지 다양함.

Great Wine
포도주를 만들어 15년 이상 저장하여 50년 이내에 마시는 와인

Gueridon
프렌치서비스에 사용하는 작은 식요리대

Gueridon Service
식당서비스 중 게리동을 사용한 서비스를 뜻함. 게리동이란 프렌치서비스와 같은 정교한 식당서비스를 위해 사용되는 바퀴가 달린 사이드테이블

【H】

Hard Boiled Eggs
완숙

House Wine
호텔이 영업신장을 위하여 정한 기획와인으로, 대체적으로 저렴한 상품을 Glass 단위로 판매할 수 있는 와인

【L】

La Newburg
달걀노른자 · 크림 · 와인 등으로 만든 소스

Lager Beer
제조과정에서 발효균을 살균하여 병에 넣은 맥주

Lounge
의자 · 테이블 등을 비치하고 있는 장소로 스페이스가 더 넓은 것은 로비(lobby)라고 함.

Luggage Chair
고객의 짐을 놓을 수 있게 만든 의자

Luncheon
오찬을 뜻하며, 아침과 저녁 중간에 먹는 가벼운 식사를 말함. 대개 3~4 코스로 구성되어 있음. 즉 수프(soup), 앙트레(entree), 후식(dessert), 음료(coffee or tea)로 구분

【M】

Main Dining Room
호텔의 부대시설인 식당 중에서 그 호텔의 정식식당으로 식사와 오락을 함께 즐길 수 있는 풀코스(full course)에 가장 적당하며, 메인 다이닝에 들어갈 때는 넥타이를 매는 것이 에티켓

Maroilles
프랑스산 연질치즈

Midium
중간으로 익힌 요리, 알맞게 익힌 요리

Midium Rare
Rare보다는 좀 더 익히며, Medium보다는 좀 덜 익힌 것으로, 역시 자르면 피가 보이도록 하여야 함. 조리시간을 약 3~4분 정도이고, 고기 내부의 온도는 55°C 정도

Menu Tent Card
천막식으로 접어서 식탁에 세워놓은 메뉴카드

Mignon
소고기의 안심 끝부분을 스테이크용으로 토막 내서 베이컨을 감은 것(예 : filet mignon)

【O】

Order Slip
웨이터가 작성하는 식음료의 주문전표

Order Taker
식당이나 룸서비스에 있어서 주문을 받는 사람

Over Easy
달걀 한 쪽이 살짝 익으면 엎어서 다른 한 쪽을 익혀 양쪽의 흰자만 약간 익힌 것

Over Hard
달걀요리의 일종인 Fried Egg의 요리방법으로 흰자와 노른자를 모두 익힌 것

Over Heat
석쇠 위에 고기를 얹어 직접 열을 받게 하여 뒤집어 가며 굽는 조리법

Over Medium
Fried Egg의 요리방법으로 흰자는 완전히 익고, 노른자는 약간 익힌 것

【P】

Plate Service
식당서비스 중 가장 간단하고 빠른 서비스방법으로, 주방에서 음식을 미리 접시(plate)에 담아 놓은 것을 접객원들이 날라다가 서브하는 형식으로, 비교적 숙련된 종사원을 필요로 하지 않기 때문에 대중식당에서 많이 이용

【R】

Rare
육류를 요리할 때 색상과 촉감으로써 그 익은 정도를 나타내

는 용어의 하나로, 완전 날고기를 따뜻하게 데운 정도를 표시하는 용어

Room Service

객실에 투숙 중인 고객의 편의를 위해 식사·음료 등을 객실에 운반하는 서비스를 행하거나 영업과 관련된 고객의 요청사항을 대행하는 호텔식음부의 영업부서

Russian Service

육류의 통구이나 통 생선 혹은 날 종류의 통구이로 고객들이 볼 수 있는 옆 테이블에 보이게 차려놓고 고객으로 하여금 스스로 자기 몫을 자르도록 유도하는 러시아 사람들의 옛 관습에서 기인된 형태의 서비스로, 주 음식접시를 놓고 고객들이 스스로 들 수 있도록 접시를 돌이는 형식

【S】

Scrambled Eggs

풀어 볶은 달걀(달걀 2개 반+우유 큰 스푼을 섞어 저은 후 미리 버터를 녹여 놓은 프라이팬에 붓고 약한 불로 저어서 만든 달걀요리)

Snack Bar

흔히 서서 식사를 하는 간이식당. Counter Service와 Self Service 형식으로 제공

Sunny Side Up

달걀을 한 면만 익힌 후 살라만더(salamander)에 잠시 넣어 윗면을 덥힌 요리

【T】

Table D'Hote

정식(행사주관자인 host의 의견에 따라 정해진 코스대로 진행되는 음식)

Turned Over

Fried Egg의 요리방법 중의 하나로, 턴드 오버에는 오버 이지(over easy), 오버 미디움(over medium), 오버 하드(over hard) 등이 있음.

【W】

Wagon Service

요리를 서비스 방식으로 작은 차가 달린 웨건에 요리를 싣고 서비스를 행한다. 경우에 따라서는 고객 앞에서 간단한 요리를 행할 수도 있음.

Well-Done

많이 익힌 스테이크요리

Profile

백지은 Jieun Baek

현, 세종대학교 글로벌지식교육원 호텔경영학과 외래교수
세종대학교, 신한대학교, 백석대학교 외래교수
세종대학교 호텔관광경영대학원 호텔관광 경영학석사
미국 UC Berkeley Extension 경영수료
세종대학교 호텔관광경영학 경영학사
롯데호텔서울잠실 Guest Relations Officer
호텔신라 강사
삼성전자 임원 강사

[저서] Hotel Service English(호텔실무영어)

오흥진 Hungjin Oh

현, 신한대학교 글로벌관광경영학과 교수
세종대학교 대학원 호텔관광경영학박사
안양대학교 대학원 관광경영학석사
관광통역안내사(일본어) 자격증(한국관광공사)
호텔관리사 자격증(한국관광공사)
호텔서비스사, 국내여행안내사 자격증(한국관광협회중앙회)
조리사 자격증(서울특별시)
국외여행인솔자 자격증(T/C)(한국여행업협회)

[저서] 실전 호텔객실서비스실무
NCS기반 호텔레스토랑실무